UNIVERSITY OF NORTH CAROLINA AT CHAPEL HILL
DEPARTMENT OF ROMANCE LANGUAGES

NORTH CAROLINA STUDIES
IN THE ROMANCE LANGUAGES AND LITERATURES

Founder: URBAN TIGNER HOLMES
Editor: FRANK A. DOMÍNGUEZ

Distributed by:

UNIVERSITY OF NORTH CAROLINA PRESS

CHAPEL HILL
North Carolina 27515-2288
U.S.A.

NORTH CAROLINA STUDIES IN THE
ROMANCE LANGUAGES AND LITERATURES
Number 288

UNA ARMONÍA DE CAPRICHOS:
EL DISCURSO DE RESPUESTA EN LA
PROSA DE RUBÉN DARÍO

UNA ARMONÍA DE CAPRICHOS: EL DISCURSO DE RESPUESTA EN LA PROSA DE RUBÉN DARÍO

POR
FRANCISCO SOLARES-LARRAVE

CHAPEL HILL

NORTH CAROLINA STUDIES IN THE ROMANCE
LANGUAGES AND LITERATURES
U.N.C. DEPARTMENT OF ROMANCE LANGUAGES

2007

Library of Congress Cataloging-in-Publication Data

Solares-Larrave, Francisco José
 Una armonía de caprichos : el discurso de respuesta en la prosa de Rubén Darío / por Francisco Solares-Larrave.
  p. cm. – (North Carolina studies in the Romance languages and literatures ; no. 288).
  Includes bibliographical references.
  ISBN 0-8078-9292-0 (alk. paper)
  1. Darío, Rubén, 1867-1916–Prose. I. Title. II. Series

PQ7519.D3Z8774 2007
808.88'8–dc22   2007060404

Cover design: Heidi Perov

© 2007. Department of Romance Languages. The University of North Carolina at Chapel Hill.

ISBN 0-8078-9292-0

DEPÓSITO LEGAL: V. 2.803 - 2007

ARTES GRÁFICAS SOLER, S. L. - LA OLIVERETA, 28 - 46018 VALENCIA
www.graficas-soler.com

ÍNDICE

	Pág.

A MANERA DE INTRODUCCIÓN 9

I. EL MODERNISMO Y LA IDENTIDAD HISPANOAMERICANA 13

    1. Modernismo, transculturación y dualidad 13
    2. Modernismo: cronotopo, desacralización, y lenguajes de respuesta 23
    3. La presencia y los textos: una gramatología latinoamericana . 30

II. "PALABRAS LIMINARES": MODELO DE RESPUESTA CULTURAL 37

    1. El sistema modernista 37
    2. El discurso de respuesta en las "Palabras liminares" 41

III. HACIA UNA TEORÍA DE LA NARRATIVA DARIANA: LA PARODIA COMO DISCURSO IDENTITARIO 62

    1. Hacia una forma nacional en la modernidad 62
    2. La memoria y lo fabril: la nueva estética 69
    3. La parodia: clave narrativa del modernismo 73

IV. LA NARRATIVA DARIANA: PRODUCCIÓN Y REPRODUCCIÓN COMO RESPUESTA 81

    1. La fábula como reinvención hispanoamericana 81
    2. Producción hegemónica / respuesta contracultural: el relato dariano 96

Pág.

V. Una respuesta "latina" en los ensayos de Darío 114

    1. Variaciones críticas: de la "prosa poética" al discurso heterológico 114
    2. Tácticas de encuentro, estrategias de respuesta 125
    3. Lenguaje, producción y latinidad: claves de la identidad ... 129

VI. La producción y la lengua común: *Los raros* y "Calibán" . 145

    1. Estrategias críticas hacia un panteón alterno: *Los raros* 145
    2. "El triunfo de Calibán": respuesta al colonialismo 157

Obras citadas 170

A MANERA DE INTRODUCCIÓN

Este trabajo comenzó su vida como mi tesis doctoral, y su finalidad es analizar la obra temprana de Rubén Darío enmarcada por el modernismo, al que he visualizado como la culminación de un proceso de transculturación de las literaturas europeas. El resultado es una visión de la obra modernista en general, y de Darío en particular, como la respuesta artística y cultural hispanoamericana que trasciende las fronteras del arte para extenderse hasta la política y la ideología. En esencia, además de explicar la paradoja del modernismo–tan europeo y a la vez tan hispanoamericano–como resultado de una transculturación, también presento la obra dariana como parte simbólica y representativa del modernismo hispanoamericano. En el contexto de mi propuesta, la literatura de Darío refleja tanto la transculturación por la que pasaron los componentes del modernismo, como los mecanismos de los que se valen este movimiento y este autor para ofrecer una producción artística nueva ante los centros de emisión cultural de la época.

Esta situación del modernismo, aparentemente contradictoria, me ha interesado desde que comencé mis estudios de literatura, pues no podía comprender claramente cómo las literaturas europeas se habían convertido en algo tan profundamente hispanoamericano como el modernismo. La persistente afirmación del canon crítico del modernismo parecía omitir el proceso de transculturación por el que pasaron los elementos del famoso "galicismo" que objetara Valera, para incorporarse en el inventario cultural hispanoamericano. Por esa razón dispuse plantear una respuesta en este ensayo, con el fin de explicar cómo la transculturación permite que el modernismo, momento artístico y cultural descendiente directo del

Art Nouveau, del Parnasianismo, del simbolismo y del movimiento artepurista, pueda ser a la vez tan propio y tan representativo de Hispanoamérica.

Merced a este proceso de transculturación, gloriosamente ausente o sobreentendido, podemos visualizar la premisa de que Rubén Darío, lejos de ofrecer un producto terminado, nos ofrece, al menos en su producción literaria fechada entre 1888 y 1898, más que un corpus literario, un flujo contestatario. En otras palabras, más que una obra, un proceso: el de la respuesta cultural que Hispanoamérica ofrece a Europa, a la que concibe e imagina como el centro de producción cultural con el que mantiene un diálogo. Darío, en *Azul...*, *Prosas profanas* y *Los raros* no plantea solamente una nueva escuela literaria. A través de una prosa de multiplicidades y sugerencias, Darío trabaja los elementos que recibe a fin de formular una literatura cuyo objetivo especular sea forjar un sistema de textos, una obra, así como una imagen cultural. De este modo, y a manera de espejo, su obra refleja los anhelos, deseos y problemas de representación que aquejan al hispanoamericano, pero en forma velada, oculta tras un discurso que critica sin punzar: el discurso de la parodia.

La parodia dariana se aleja aquí de las efusiones de Silva, que en su tiempo produjo un poema, "Sinfonía color de fresas en leche", que, al parodiar la "Sinfonía en gris mayor" de Darío, revelaba los aspectos que algunos contemporáneos deploraban como "excesos". Darío, operando de manera similar a Silva, propone una parodia que servirá, precisamente, los fines de representación del hispanoamericano, además de alzarse como una especie de declaración de independencia cultural. Es más, en mi estudio he explorado las estrategias que eligió Darío para adaptar la multiplicidad de géneros que trabajaba con esta agenda representacional y de cultura. Así encontramos que las famosas "Palabras liminares" que preceden a las *Prosas profanas* de 1896 contienen una especie de manifiesto programático de las intenciones darianas. Asimismo se transparenta el uso del discurso paródico en la narrativa de Darío, que adopta y transfigura dos géneros europeos, el cuento parisino y la fábula, en instrumentos que expresan las circunstancias culturales del hispanoamericano de finales del siglo XIX mediante criterios artísticos centrados en la idea de producción. De hecho, en los cuentos y otros textos analizados en este volumen, publicados durante el período álgido de 1888 a 1898, se nota un giro particular de la obsesión artística a la producción reivindicatoria precisamente debido a la presencia de la noción moderna de producción. Además, y reflejando su conciencia del otro, Darío actualiza las prácticas discursivas de los autores coloniales para formular un discurso heterológico cuya finalidad es también forjar una identidad por contraste. A lo largo de este proceso, Darío muestra una clara conciencia de los problemas económicos, políticos y culturales de su época, y los inserta dentro de sus esfuerzos orientados a la imagen nacional y, no nos debe sorprender, la adaptación a la modernidad.

Y es que Hispanoamérica, en este momento, se halla en una especie de encrucijada: el centro hegemónico se encuentra en un proceso transicional con respecto a su actitud para con Hispanoamérica, pues al mismo tiempo que desea proyectar su autoridad, también espera que el continente le traiga un futuro prometedor y necesariamente mejor que el presente. La ambigüedad o incapacidad del centro para decidirse por una de estas visiones de Hispanoamérica, sea la exótica o la prometedora, simboliza, a su vez, una coyuntura particular, pues los hispanoamericanos tampoco sabemos si debemos concebirnos como parte del conglomerado de indígenas inocentes, incapaces de comprender las argucias del mundo, o considerarnos como civilización cuna de futuros prometeos, fuentes casi inagotables de salud, riqueza y gloria. Es, precisamente, en el espacio abierto entre estas dos visiones en donde operan el modernismo y la agenda que le inculcó Darío, pues al mismo tiempo que promueven una visión llena de promesas y vitalidad, tampoco le vuelven la espalda a la riqueza histórica y el pasado indígena que nutre la cultura hispanoamericana.

Así pues, con estas ideas en mente he explorado especialmente las obras consagratorias de Darío. Tanto *Azul...* como *Prosas profanas*, usualmente considerados como fuentes de ingeniosa pirotecnia verbal, constituyen testimonios de una visión epocal, así como el testamento ideológico de su autor, ya que contienen sus concepciones sobre la modernidad, las necesidades culturales de Hispanoamérica, ideas sobre estrategias modernizadoras que seguir para alcanzar el nivel de desarrollo y modernidad que anhelaba Darío y, como nota particular, los elementos que el autor consideraba como clave en la consecución de un arte moderno y representativo, englobados por la imagen de la "máquina poética".

A lo largo de este trabajo también me ha animado la reacción crítica contemporánea ante el modernismo, y confío en ser parte de esta ola de reconsideraciones y replanteamientos que se nota en los trabajos de Gerard Aching, Sylvia Molloy, Susana Rotker, Ivan A. Schulman y Cathy L. Jrade. Para ellos, el modernismo sobrepasa el cliché de estilo experimental, para convertirse en síntoma de una época y reflejo de una mentalidad. De este modo, estos autores han re-descubierto no sólo las riquezas ocultas en la obra dariana, sino también han contribuido para que quienes vienen después puedan disfrutar de los "bulbules" e "hipsipilas", de ninfas y cantantes, de reyes, poetas y sátiros, y encontrar en estas figuras nuevas claves de definición de la cultura hispanoamericana. Bien podemos decir que en el universo que constituye su obra literaria, los caprichos, que para Darío eran la materia prima del arte, entran en una maravillosa y expresiva armonía que apenas logro explicar en las siguientes páginas.

Y, hablando de páginas, debo agradecer a los editores de tres revistas académicas por autorizar la reimpresión de los contenidos de algunas secciones de este libro. La sección del segundo capítulo relativa a las "Palabras liminares", por ejemplo, apareció en las páginas de la *Revista de Estudios Hispánicos* publicada por Washington University; una versión en inglés del mismo texto fue publicada por la *Hispanic Review*, en la Universidad de Pennsylvania. Por último, una versión de la sección dedicada a *Los raros* fue recogida en las páginas de *Crítica Hispánica*, de Duquesne University. A los editores de estas revistas debo agradecer su generosidad pues las páginas que siguen no podrían haber aparecido sin su autorización.[1]

Si de generosidad se trata, debo reconocer que la contribución que este trabajo pueda hacer a los estudios sobre Darío se deberá a las sugerencias de Ivan A. Schulman, María Salgado y Cathy L. Jrade. Estos importantes estudiosos e investigadores del modernismo tuvieron a bien dedicar tiempo y esfuerzo a las versiones previas de estos capítulos. Su invaluable colaboración no sólo ha enriquecido mi trabajo, sino que también me ha dado un ejemplo a seguir marcado por su profesionalismo y generosidad.

---

[1] Una versión abreviada de mi análisis del prólogo dariano se titula "Las 'Palabras liminares' de Darío: una declaración de identidad cultural" y apareció en la *Revista de Estudios Hispánicos* publicada por Washington University (32:2, 1997: 203-220). La versión inglesa fue publicada como "A Harmony of Whims: Towards a Discourse of Identity in Darío's 'Palabras liminares'", en la *Hispanic Review* de University of Pennsylvania (66:4, 1998: 447-465). Por último, una versión especial de mi estudio sobre *Los raros* del capítulo 6 de este libro apareció en un número conmemorativo de *Crítica Hispánica*, editado por Alberto Acereda, como "Hacia un panteón alterno: las estrategias críticas de Rubén Darío en *Los raros* (1896)" (27:2, 2005: 49-62).

Capítulo I

EL MODERNISMO Y LA IDENTIDAD HISPANOAMERICANA

1. Modernismo, transculturación y dualidad

En su conocido ensayo "¿Qué es el modernismo?", publicado en 1967, Donald L. Shaw plantea el problema sobre el origen y concepto del modernismo hispanoamericano que ha ocupado la atención de autores y críticos literarios por igual. En su trabajo, Shaw intenta responder a esta interrogante (*Qué* 11), y para ello revisa los mismos dilemas enfrentados por los críticos que le preceden. De este modo Shaw evalúa las contribuciones de autores como Arturo Torres Rioseco, Rufino Blanco Fombona y Juan Ramón Jiménez, y la solución que cada uno ofrece al problema del modernismo: uno de los movimientos más ricos, problemáticos y polémicos de la literatura hispanoamericana, ni siquiera superado por el *boom*. Con todo, y a pesar de sus diferencias de origen, intención y color ideológico, cualquier definición del modernismo coincide en señalar tanto su calidad como discurso revelador de las capacidades literarias de la lengua española–vínculo entre América y España–, así como su papel en el proceso de formulación de la identidad hispanoamericana. Estos rasgos particulares justifican su caracterización como movimiento hacia "la búsqueda de una expresión adecuada para una sensibilidad" por parte de Max Henríquez Ureña (16), su comparación con el Renacimiento por Federico de Onís (Castillo 35), y su calificación como "panhispanista" con respecto a la producción de los autores modernistas, según observa Ned Davison (45). Finalmente, como indica Ivan A. Schulman, el modernismo aparece como "un fenómeno sociocultural multifacético" (*Asedios*

11). Partiendo de esta plataforma, que trasciende la naturaleza artística del movimiento al considerar sus raíces sociales y políticas, las problematizaciones planteadas por Cathy L. Jrade y Susana Rotker, para quienes constituye un discurso, nos llevan a considerar el modernismo y sus efectos culturales como un esfuerzo artístico cuyo propósito ulterior es, esencialmente, presentar una respuesta cultural propia de la América Hispana mediante la formación de un discurso artístico propio, y un sistema textual, una colección de obras, que forme una "tradición" autónoma con respecto a Europa. En suma, el modernismo "responde" a Europa, y esta respuesta refleja no sólo la adaptación de Hispanoamérica a la creciente modernidad, sino también su despertar artístico y su madurez intelectual.

Frecuentemente, la complejidad del contexto de esta respuesta cultural contribuye a oscurecer su comprensión. Como observa Cathy L. Jrade, la crítica ha enfocado su atención en torno a la relación entre los modernistas y la literatura francesa, y añade que incluso el libro de Max Henríquez Ureña participa de la creencia de que el modernismo se irguió como una reacción antirromántica, cuya consecuencia fue buscar modelos fuera de la tradición hispana. De hecho, a la hora de trazar influencias, la crítica llegó a referirse al movimiento como "cosmopolita", pero no sin subrayar la importancia del componente francés (*Modernismo* 13). Este énfasis en las influencias sobre el modernismo produce constantes polémicas debido a que al mismo tiempo que se le considera un movimiento autóctono, se plantea también que la literatura europea, en especial la francesa, tuvo un papel clave en su concepción. La consecuente paradoja de que un movimiento literario considerado netamente hispanoamericano esté en deuda con el arte europeo subvierte la representatividad del modernismo. Sin embargo, este problema conceptual que convierte al modernismo en una especie de combinación afortunada más que un momento claro de revelación y decisión, queda resuelto si consideramos el movimiento como una manifestación más de uno de los mecanismos de adaptación cultural que más ha ayudado a la América Hispana: la transculturación. Al vincular modernismo con transculturación, se transparenta la función que tuvo el movimiento literario dentro del contexto de la época: servir como vehículo de respuesta, autoafirmación y reivindicación de la cultura hispanoamericana. Los modernistas, imbuidos por esta directriz, se dedicaron a la forja de una literatura hispanoamericana, un *corpus* de trabajos cuya función sería no sólo plantear esta respuesta reivindicativa, sino también participar en la creación de una cultura propia. El modernismo, como discurso resultante de estas intenciones, refleja las tensiones entre las manifestaciones literarias y culturales europeas e hispanoamericanas, al mismo tiempo que las presenta como evidencia de la identidad dual de Hispanoamérica, cuyos problemas propios y exclusivos se caracterizan por su constante oscilación entre Europa, centro hegemónico emisor y modelador de cultura, e Hispanoamérica, el margen emergente, ocupado en producir su propia cultura. Esta aparente dualidad llega a un cierto nivel de conciliación gracias a que el discurso modernista ofrece una respuesta cultural unificada, al plantear como necesidad la creación de una producción cultural tangible: textos para una literatura.

El concepto de transculturación fue formulado por Fernando Ortiz en respuesta a una categoría antropológica: la aculturación (Ortiz 86-87). Según Ortiz, la transculturación es una operación de incorporación de elementos foráneos, cuyo resultado es una cultura llena de influencias diversas y aparentemente divergentes. Estas adopciones y préstamos culturales se convierten, posteriormente, en partes integrales de la cultura huésped (en este caso, la latinoamericana) con la particularidad de actuar, como apunta Ángel Rama (*Transculturación* 38-39), de manera selectiva en el contexto hispanoamericano, pues favorecen la incorporación de elementos subvertores y cuestionadores procedentes de otras culturas.[1]

Definir el modernismo como una reacción cultural resultante de una transculturación no disminuye los esfuerzos y adaptaciones de autores como Darío o Gutiérrez Nájera, sino que más bien coloca sus obras en un contexto que revela su valioso papel en el proceso. Es más, cabe observar que las transculturaciones entre la América Hispana y Europa en este intenso momento histórico y cultural coincidieron con los cambios económicos y sociales del último tercio del siglo XIX, usualmente identificados con la modernidad. A esta circunstancia se une la fusión discursiva de dos rasgos importantes en el estudio del modernismo y su papel como generador cultural en Hispanoamérica: el primero es una ideología indepen-

---

[1] De hecho, Rama señala que tanto el marxismo como el género del *off-Broadway musical*, por naturaleza crítico del musical tradicional, han encontrado más aceptación en América Latina que las categorías a las que ambas transculturaciones dirigen sus dardos críticos (*Transculturación* 39).

dentista que reverbera en el discurso literario generado por el modernismo, que se expresa como encuentro o confrontación cultural. El segundo es una toma de conciencia con respecto a la influencia de las fuerzas económicas en la esfera cultural hispanoamericana. Así pues, con esta serie de factores y circunstancias, la respuesta hispanoamericana, encarnada por el modernismo como práctica literaria, supera los clichés críticos y representa un logrado ejemplo de transculturación de ideas y elementos artísticos.

Con respecto a la modernidad, caldo de cultivo de este movimiento, y para evadir los problemas que traería una definición taxativa, asumiremos la convención que sustenta Alan Bullock en su ensayo "The Double Image", al describirla como un período marcado por un clima de transformaciones (58-59). Los modernistas dispusieron hacer eco de este período en el nombre de su movimiento, y, al llevar a la práctica sus intenciones, iniciaron un discurso que, por su naturaleza contestataria, se relacionaría estrechamente con los acontecimientos que se dieron durante este período, como los movimientos anticoloniales en América, Asia y África, el surgimiento de la sociedad de consumo y la mecanización, las revoluciones intelectuales propiciadas por Marx, Nietzsche, Freud y Darwin, la aparición de inventos que transformaron la vida diaria, como el automóvil y el teléfono, y la emergencia de reacciones artísticas como el Dada y el futurismo, que enfatizaban el carácter contestatario del arte. Todas estas circunstancias históricas y culturales que marcan la modernidad son, hasta cierto punto, inseparables de sus consecuencias. Así es como la influencia de la modernidad se refleja en todas las esferas de la vida humana, tanto social como artística e ideológica. Como repercusión social se encuentra el desarrollo tecnológico, la difusión de la producción en serie, la agilización en los medios de transporte y comunicación y la dinamización del comercio, que llevan al intercambio de ideas entre continentes y al re-descubrimiento de otras culturas.[2] El impacto de la modernidad en la política se aprecia en el surgimiento de movimientos de respuesta contrahegemónica, el proceso de democratización de diferentes países en América Hispana, Asia y África, y la inestabilidad política refle-

---

[2] Ejemplos de este fenómeno son Julián del Casal y Manuel Gutiérrez Nájera, que desarrollaron interés en las chinerías y japonerías y las incorporaron en su obra. La difusión de los rasgos de otras culturas se debe, observa el propio Darío, a las revistas literarias intercontinentales de su época, que funcionaban como medios de información y difusión cultural (*OD* 209).

jada en el surgimiento del anarquismo. En el contexto del arte y la ideología aparecen diversas técnicas y corrientes de pensamiento relacionadas con la búsqueda de una individualidad que Octavio Paz describe como fragmentada (Paz, *Arco* 266-267; *Hijos* 48-50) en medio de una sociedad cuya creciente complejidad se nota en que los símiles que la explican provienen del lenguaje relacionado con la maquinaria. Esta circunstancia refleja la prevalencia de la concepción mecanicista del universo, que siguió al auge del positivismo. La modernidad como crisis, que en realidad no fue súbita sino más bien se intensificó en este momento, se refleja, pues, en una subversión completa de categorías intelectuales, artísticas y políticas, favorecida de manera significativa por los propios avances tecnológicos que introdujeron sus proponentes.

Debemos notar ahora que todos estos fenómenos de reacción tenían un fin: establecer una ruptura definitiva con el pasado inmediato. Esta ruptura, caracterizada inicialmente por un optimismo vital según apunta Iris Zavala (*Colonialism* 67), y según Paz una "suerte de fe ingenua en las excelencias del futuro" (*Cuadrivio* 12), llega a un fin abrupto causado por sucesos de naturaleza política y militar. Estos sucesos, de hecho, tienen un significado particular pues son una referencia que marca el fin del optimismo y la fe en el futuro. Es así como en España el moderado optimismo ante la modernidad se tiñe de tragedia a raíz de los acontecimientos de 1898, el "año del desastre", que para la América Hispana culmina con la materialización de la que antes se veía como una amenaza lejana: la Guerra Hispano-Norteamericana, también llamada la Guerra de Cuba. Acontecimientos como la desaparición del imperio español, la apropiación de las Filipinas, la independencia de Cuba y la conversión de Puerto Rico en "estado libre asociado" (Fernández Retamar, *Calibán* 23), originadas por acciones militares de los Estados Unidos, trajeron consigo un brusco despertar ante los desafíos de la modernidad: la difusión de la identidad personal, el imperialismo político y económico, y la crisis general de la cultura. Además, influyeron poderosamente en la historia cultural del período, impulsando nuevas formulaciones sobre los orígenes, esencia y naturaleza de la cultura de América Hispana.

Las discusiones sobre la identidad en América Hispana, aparentemente zanjadas por la modernidad y sus trastornos, tienen en realidad antecedentes mucho más profundos que una relación ambivalente entre las antiguas colonias y su metrópoli. Como resultado de las múltiples transformaciones y procesos culturales resultantes de la conquista, los múltiples debates sobre la identidad, articulados en términos de "civilización" y "barbarie", usando categorizaciones como "criollo" y "mestizo", reflejan la inestabilidad de la identidad, su condición como proceso en flujo y formación, en el que los mecanismos de transculturación revelan de nuevo su constante efecto. De hecho, la transculturación de actitudes políticas y culturales europeas había dotado a la cultura hispanoamericana con una fuente casi inagotable de polémicas, como cuestiones sobre la lengua, la representación artística, la fidelidad histórica y muchas más. La situación, al llegar a este punto, coincide con la descripción que presenta Carlos Alonso, cuando aduce que la identidad se encontraba formulada por dos discursos opuestos, el discurso de la novedad y el de la futuridad (6-9). De este modo, los discursos mencionados, y en particular el de la futuridad, dieron lugar a una reacción particular, que también refleja el espíritu de la época. Afirma Alonso:

> As should be evident by now, the two master narratives of novelty and futurity arose from the sharp and ever diverging interests of the metropolis and those of the colonial *criollo* elites, respectively. This clash of interests was founded on the ample privileges originally bestowed on the founding settlers and their descendants by the king–privileges that the Crown would very quickly endeavor to curtail. [...] The fact that from this perspective the new continent and Europe shared the same temporal frame–even if America was defined as a constant source of new phenomena–was a guarantee that they also shared the same epistemological plane; hence, the narrative of novelty was by extension and affirmation of the conceptual accessibility and eventual mastery of the New World. [...] In this regard, the narrative that identified the Americas with novelty can be seen to have functioned as an ideological façade for an operation that aspired in fact to maintain stasis and the permanence of existing structures of authority through time. (9-10)

La oposición entre las macronarrativas de novedad y futuridad llega a un punto de encuentro en el modernismo y su mentalidad. Tanto el discurso de novedad como el de futuridad parecen mutuamente exclusivos, pero las diferencias que los dividen quedan zanjadas con la intrusión de un tercer elemento: el imperialismo de Estados Unidos. Con todo, la percepción que dio lugar a ambas macronarrativas persiste, o, más bien, sobrevive, pues está presente en las nociones que Simón Bolívar presentó en su discurso ante el Congreso de Angostura en 1819. En este documento, Bolívar sugirió un tipo particular de aliteración o yuxtaposición, una especie de fórmula o figura que podríamos llamar la "anáfora cultural". Este concepto, que posteriormente dominaría el discurso de autodefinición de los autores hispanoamericanos, surge en el discurso de Bolívar de manera particularmente dramática, como parte de la descripción de la cultura hispanoamericana a raíz de la segmentación política del subcontinente. Indica Bolívar:

> Nosotros ni aún conservamos los vestigios de lo que fue [América] en otro tiempo: no somos indios, sino una especie media entre los aborígenes y los españoles. Americanos por nacimiento, y europeos por derechos, nos hallamos en el conflicto de disputar a los naturales los títulos de posesión, y de mantenernos en el país que nos vio nacer. (19)

La reiteración "somos americanos por ... y somos europeos por ..." presenta el problema básico de la identidad latinoamericana: la tensión entre culturas internas y metrópolis, o bien entre colonia y nación, especialmente cuando las culturas internas son un producto sincrético y la metrópolis o centro emisor de cultura proviene de un proceso de elaboración basado en el sincretismo de la cultura misma. Además, la contraposición de elementos aparentemente antitéticos refuerza la tensión; ejemplos son el uso de "aborígenes" frente a "españoles", o la disyunción que Bolívar ve entre derechos y nacimiento, con respecto a la calidad doble que atribuye a los hispanoamericanos. El toque final de esta aparente contraposición se nota en su uso de "naturales", opuesto a la calidad de quienes se refieren al "país que nos vio nacer". Si a esta tensión se añade el conflicto acerca de la naturaleza u origen de la propia identidad, el resultado es una tensión entre dos imágenes polarizadas: la adquirida y la deseada. La condición deseada–equivalente al "pasado creado"–es la del individuo perteneciente a un grupo cultural, con una tradición histórica propia, basada en la historia y debidamente documentada. La condición adquirida–es decir, el "pasado recibido"–es la de un individuo fragmentado, un individuo dividido entre su situación geográfica–América–y su fuente cultural–Europa.

Los efectos de estas imágenes son tan profundos que en 1891, unos setenta años después del discurso de Bolívar, José Martí pudo captar esta inescapable dualidad al retratar la tensión entre cultura metropolitana y culturas periféricas en su celebrado ensayo "Nuestra América". En su trabajo, Martí se vale de símbolos que evocan la diversidad étnica de América Hispana para proponer un programa cultural de unificación y solución:

> Éramos una visión, con el pecho de atleta, las manos de petimetre y la frente de niño. Éramos una máscara, con los calzones de Inglaterra, el chaleco parisiense, el chaquetón de Norteamérica y la montera de España. El indio mudo nos daba vueltas alrededor, y se iba al monte, a la cumbre del monte a bautizar a sus hijos. El negro, oteado, cantaba en la noche la música de su corazón, solo y desconocido, entre las olas y las fieras. El campesino, el creador, se revolvía, ciego de indignación, contra la ciudad desdeñosa, contra su criatura. Éramos charreteras y togas, en países que venían al mundo con la alpargata en los pies y la vincha en la cabeza. (305-306)

Esta enumeración martiana, guiada por la sensibilidad modernista, no sólo reformula la anáfora cultural sino que también introduce la multiplicidad como premisa de definición de la identidad latinoamericana. No se trata de una dualidad como la que presenta Bolívar, sino de una serie de influencias culturales representadas por prendas de vestir. Además, al retomar los términos de la anáfora Martí los expresa usando imágenes corporales pues son los cuerpos–signos de la individualidad–los que más claramente representan la diversidad de la sociedad y cultura de América Hispana.[3] El cuerpo, luego, muestra la presencia de lo nuevo o prelapsario ("pecho de atleta") y lo postlapsario y ya decadente ("manos de petimetre"). Igual contraste se encuentra entre las alusiones a la nobleza y la academia en el uso de términos como "charreteras y togas", frente a referencias a segmentos sociales opuestos, tanto social como geográficamente, representados por la alusión a "la alpargata y la vincha en la cabeza".

Otros elementos importantes representan en forma emblemática la tensión cultural encontrada por los autores modernistas: la va-

---

[3] La recurrencia al cuerpo como vehículo de representación social se relaciona con el "realismo grotesco" al que se refiere Bakhtin cuando habla sobre la desacralización y el carnaval (Bakhtin, *Rabelais* 18).

riedad étnica de América Hispana, así como la anáfora cultural, y la situación ambivalente entre el "centro" cultural hegemónico y el sujeto colonial. Se nota, luego, que Martí, en este texto, maneja la anáfora cultural al mismo tiempo que parece proponerla como un problema. De hecho, el uso del término "máscara" para referirse a los hispanoamericanos crea una imagen particular cuando a la máscara se añaden los "calzones ingleses", el "chaleco de París" y la montera española. La imagen no sólo asocia a los europeos y su cultura con la América Hispana, sino que presenta el resultado como una solución de continuidad, una pretensión, o creación de apariencias que culmina con la máscara. De esta forma, la máscara ataviada de ropajes extranjeros representa la tensión cultural a la que conduce la falta de una identidad fincada en una tradición cultural propia. Martí, al presentar al latinoamericano como un individuo "compuesto" de prendas importadas, metaforiza así no sólo la situación literaria de América Hispana, sino su posición cultural y política. Además, esta encarnación crea un punto de encuentro para las visiones conflictivas de novedad y futuridad de América, pues parece conciliar el aparente exotismo de la "vincha en la cabeza" con la contemporaneidad que connota "el chaleco parisiense".

Con respecto a la diversidad, Martí presenta sus diferentes facetas utilizando imágenes estereotípicas que, en este contexto, tienen valor simbólico y no color local: de este modo el indio, el negro y el campesino (o mestizo) aparecen como representantes de una población diversa que ocupa ahora un mismo continente. Asimismo, sus imágenes se prestan para introducir un nuevo elemento que focaliza la tensión: "la ciudad desdeñosa". Con este término alude Martí tanto a un presunto centro hegemónico, transmisor de cultura ajena y extranjera, y poseedor de poder económico, como Europa (los calzones de ingleses, el chaleco de París, la montera española) o los Estados Unidos (el chaquetón "norteamericano"), así como al centro urbano latinoamericano, que es agente de los anteriores. No se trata ahora de tensión entre dos elementos solamente, sino de tensión entre dentro y fuera, lo propio y lo ajeno, lo adquirido y lo deseado. Ante esta circunstancia, insinúa Martí, se hacía necesaria una solución que contribuyera a solucionar, de una u otra forma, el problema cultural de América Hispana, pues la tensión cultural que se manifiesta en la anáfora bolivariana se reflejaba tanto en la producción artística como en la precaria estabilidad política del continente durante el siglo XIX. El medio para aliviar esta tensión no se encontraba fuera (ni en Europa ni en Estados Unidos), sino dentro de la misma cultura hispanoamericana, como parte integral de su proceso de formación y definición. Explica Martí:

> Ni el libro europeo ni el libro yanqui daban la clave del enigma hispanoamericano. Se probó el odio y los países venían cada año a menos. Cansados del odio inútil, de la resistencia del libro contra la lanza, de la razón contra el cirial, de la ciudad contra el campo, del imperio imposible de las castas urbanas divididas sobre la nación natural, tempestuosa e inerte, se empieza, como sin saberlo, a probar el amor. "¿Cómo somos?", se preguntan; y unos a otros se van diciendo cómo son. (306)

Gracias a su manejo de imágenes cargadas de valor afectivo, este ensayo de Martí explica que las culturas dominantes ("el libro europeo" y "el libro yanqui") son incapaces de comprender "el enigma hispanoamericano": una cultura que combina multitudes de identidades, cuyas tensiones, a su vez, plantean la necesidad de una democratización, una liberación, la invención de una tradición redentora que contribuya a resolver la tensión entre opuestos, en la que confluyan los elementos que el mismo medio cultural proporciona. Es así como Martí postula la respuesta ante la anáfora: aceptar América Hispana tal como es, creer en ella haciendo uso de sus propios recursos. Basándose en esta premisa añade: "Crear es la palabra de pase de esta generación. El vino, de plátano; y si sale agrio, ¡es nuestro vino!" (306).

Así pues, la propuesta de Martí sugiere, como la de Bello años antes en "Autonomía cultural de América", la necesidad de "escribir" una imagen de América; de crear una "lengua" que la identificara. Mientras Bello percibió la dualidad americana, y defendió su individualidad lingüística al establecer que los usos del español latinoamericano, sus aparentes anacronismos y expresiones, debían ser respetados como parte de la identidad de los hablantes (Bello 36). Martí pasó de la lengua al libro, para concluir que lo necesario para construir una América es "crear", no imitar.

La consigna martiana de "crear" le confió al arte una misión particular. No se trataba ya de "producir" textos que sólo reflejaran la situación social y cultural latinoamericana, sino de "crear" una cultura y un discurso artístico propios. A diferencia de las obras producidas con anterioridad, cuyo seguimiento de las corrientes europeas prolongaba la tensión de la anáfora cultural, el arte nuevo se proponía abrir el camino hacia una verdadera autonomía cultural con valores autóctonos y conciencia americana. En otras palabras, se convertiría en medio de respuesta, y no en reflejo o imitación, del centro cultural; como Martí planteara, el arte americano contendría "la clave del enigma" que "ni el libro europeo ni el libro yanqui" eran capaces de responder. Este arte nuevo, proveniente de una transculturación y destinado a resolver la tensión entre ser "americanos por nacimiento y europeos por derechos", era el modernismo, y su agenda era "crear" una América orgullosa para sus habitantes.

2. Modernismo: cronotopo, desacralización, y lenguajes de respuesta

Una vez que concebimos el modernismo como resultado de una transculturación, resulta más clara su intención contestataria, proveniente de las tensiones internas originadas por la modernidad. La expresión de la respuesta del modernismo merece más espacio, pues su calidad como cronotopo se manifiesta en una obra consciente de su calidad como producción. La categoría crítica de cronotopo ilustra, en el caso del modernismo, tanto la calidad crítica del movimiento, como su valor como generador de signos y obras paradigmáticas. De hecho, si partimos de la consigna martiana sobre la creación, es fácil notar cómo los modernistas recogieron las directrices sobre la creación, el conocimiento y el pluralismo para formular una respuesta cultural, además de reflejar la época agitada en que vivieron. Por esta razón no sólo es posible proponer que el modernismo sea un cronotopo, sino también se hace evidente la intención que, según Iris Zavala, tiene el modernismo por ser un discurso orientado hacia la cultura: construir un centro alternativo dentro del cual se proyecten los anhelos de democratización y transformación del poder político (*Colonialism* 21). Con todo, la manifestación del modernismo como discurso, por lo tanto, se plasma en textos, cuyas interrelaciones dialógicas reflejan una actitud logocéntrica que sirve de base para uno de los elementos clave del movimiento: la producción textual.

El resultado de esta agenda puede considerarse como un "sistema de textos", o una serie de ideologemas que reflejan la necesidad de crear una "narrativa maestra" de descolonización y anti-imperialismo, opuesta a la homogeneización del colonialismo (*Colonialism* 8); la respuesta a la transformación económica producida por la modernización de América Hispana (Rama, *Darío* 30); el anhelo de construir una América cosmopolita y actual (Paz, *Cuadrivio* 12-13). El discurso resultante de todas estas circunstancias, el modernismo, establece así parámetros formales, como una morfología discursiva propia, e ideológicos, una concepción propia del arte y del mundo. Estos aspectos distintivos se reflejan en el discurso creado por los modernistas, bajo la influencia del momento histórico, social y cultural en que vivieron. Así como se puede decir que los cronistas y autores coloniales decidieron presentar América como un *locus amœnus* mediante un discurso idealizador, también se puede asumir que los modernistas, llevados por una agenda política, social y cultural común, producto de las circunstancias históricas, fundaron un discurso que se prestaba a sus propósitos de establecer una identidad propia a través del sincretismo. Este discurso, promisorio, promotor y conciliador, presenta una visión de futuridad y potencialidad, al asumir el papel de respuesta cultural; es necesario añadir que, debido a su naturaleza como producto transculturado, este discurso literario revela rasgos de crítica y desacralización cuyo objetivo final es crear y reforzar una realidad propia, valiéndose de insumos exportados.

Esta circunstancia en particular nos refiere a las manifestaciones externas del discurso, y, en especial, al fenómeno que Mikhail Bakhtin alude al hablar de un lenguaje unitario. Este lenguaje, que obedece un sistema de reglas propias, nacidas de una convención cultural–la lengua–se rebela contra la diversidad cultural (heteroglosia) que las determina. En todo caso, lo que se encuentra es una respuesta discursiva estrechamente relacionada con (o reflejada por) una reacción cultural; como afirma Bakhtin,

> A common unitary language is a system of linguistic norms. But, these norms do not constitute an abstract imperative; they are rather the generative forces of linguistic life, forces that struggle to overcome the heteroglossia of language, forces that unite and centralize verbal-ideological thought, creating within a heteroglot national language the firm, stable linguistic nucleus of an officially recognized literary language, or else defending an already formed language from the pressure of growing heteroglossia. (*Imagination* 271)

El discurso modernista, por moderno, contestatario, se relaciona con la idea de las "fuerzas generadoras" que menciona Bakhtin al engendrar una lengua nueva, con géneros nuevos y convenciones igualmente novedosas. La lengua como fuerza, en este caso, funciona como elemento aglutinador, eje del lenguaje unitario que centraliza ideologías para formar la esencia de una lengua literaria. Así, al trascender la noción de "imperativo abstracto" a la que alude Bakhtin, el discurso modernista crea un contexto en el que cobran forma las respuestas y los intentos de "escribir una nación", pues reflejan una naciente identidad articulada por la conciencia de la lengua común y las circunstancias político-sociales que modelan el discurso. Al considerar estos factores, se puede presentar el discurso modernista, de acuerdo con Zavala, Rama, Paz, Jrade y Schulman, como un discurso de naturaleza esencialmente contestataria, firmemente enraizado en la cultura que lo origina. Sin embargo, a la vez que proclama su autenticidad y sus raíces como voz constitutiva de una cultura, el modernismo no deja de mantenerse en contacto con otras que, de una u otra forma, contribuyen en su desarrollo y progresión. Paz explica esta situación de ambivalencia entre el anhelo de libertad y el enraizamiento en la tradición cuando se refiere al modernismo como "[b]úsqueda de un origen, reconquista de una herencia". Paz explica esta aparente contradicción–que manifiesta también la anáfora cultural–utilizando como ilustración la actitud dariana frente al arte, lo moderno, la metrópolis y América Hispana. Según afirma Paz, Darío buscaba un punto de flexión, no una confrontación, y sostiene que

> [a] diferencia de los españoles, Darío no opone lo universal a lo cosmopolita. Al contrario, el arte nuevo es universal porque es cosmopolita. [...] Su oposición al nacionalismo [...] es parte de su amor por la modernidad y de ahí que su crítica a la tradición sea también una crítica a España. (*Cuadrivio* 16)

La "actitud antiespañola", de acuerdo con Paz, tenía un doble origen (y propósito): "por una parte, expresa la voluntad de separarse de la antigua metrópoli [...] por la otra, identifica españolismo con tradicionalismo" (*Cuadrivio* 16). Los rasgos que revelan esta actitud se manifiestan en la creación de un lenguaje unitario en el cual participan todos y cada uno de los actos discursivos, compartiendo tanto las fuerzas centrípetas (unificadoras) como centrífugas (estratificadoras) a las que está expuesto el discurso (Bakhtin, *Imagination* 277). Esto es, las fuerzas que dan cohesividad al lenguaje unitario (motivación, objetivo, motivos, continuidad), y las que influyen directamente sobre su formación o "flujo" (circunstancias sociales, económicas y políticas, otros lenguajes o discursos no verbales, situaciones no-discursivas).

Luego, el discurso modernista es un lenguaje unitario no sólo en términos teleológicos (finalidad) sino morfológicos (rasgos formales). De acuerdo con Paz, manifiesta una actitud universalista, la "búsqueda de un lenguaje moderno" (*Cuadrivio* 18), al mismo tiempo que refleja la confluencia de ideas y culturas diversas favorecida por la modernidad tecnológica (Calinescu 41). La fundación de un lenguaje nuevo, de un discurso "fundacional", responde a mecanismos cuya influencia en la cultura se manifiesta a través del discurso que crean, como es el caso de las "Palabras liminares" que anteceden las *Prosas profanas* de Darío. Este efecto que tienen en el discurso se debe a la naturaleza social de los elementos involucrados en la fundación del discurso, que es de valor capital por la actitud crítica y política que conllevan. Así se encuentra, en primera instancia, la heteroglosia, social y cultural, una influencia que se refleja en el discurso como centrífuga y dispersadora, ilustrando la dinámica social del conocimiento y abriendo los caminos de la interpretación al promover la participación en el universo de ideas y culturas. En segundo lugar, el discurso paródico provee la autorreferencialidad y autocrítica, que al manifestarse en el discurso y cuestionarlo, "abre" las posibilidades creativas y produce una brecha en el absolutismo cultural propuesto por el centro hegemónico. Finalmente, la carnavalización manifiesta lo que Bakhtin llama las fuerzas centrípetas o unitarias, y surge como un principio de renovación constante, que aparece simbolizado por la desacralización de lo tradicional en favor de lo innovador.

La heteroglosia, tanto social como cultural, influye en este contexto por reflejar, como aduce Bakhtin, la interconexión de ideas y voces que se manifiesta en todo tipo de discurso. Esta heteroglosia es resultado y fuente a la vez; no sólo produce una dispersión de ideas, datos e información sino también es el punto de contacto o terreno común de estos mismos elementos, en el que se dan encuentro ideas, voces, estilos y discursos (*Imagination* 262-263) como resultado de fuerzas estratificadoras (sociales, culturales, lingüísticas) que modelan un "lenguaje unitario", con el que las fuerzas mismas se relacionan en forma dialógica (272-273). El principio clave de la heteroglosia reside en la participación de significados, significantes, voces y discursos que ocurren merced al dialogismo (276).

Si la heteroglosia influye dentro del "lenguaje unitario" modernista como una "dispersión", o, siguiendo a Bakhtin, como una fuerza centrífuga, el discurso paródico revela las debilidades y convenciones de otros géneros al reformularlos y reacentuarlos–esto es, reinterpretándolos a la luz de un momento histórico diferente al de su concepción o de su consagración como elementos canónicos (5). Por su autorreferencialidad, el discurso paródico se presta a la crítica y autocrítica: crítica de otras modalidades discursivas porque puede reproducir sus elementos, y autocrítica por ser un discurso consciente de su calidad como producto de la lengua. Debido a esta doble naturaleza de crítica y autocrítica, el discurso paródico cuestiona las circunstancias que lo rodean, y a la vez ataca sutilmente el pasado sacralizado que surge en el género épico. La parodia ataca sutilmente a la epopeya, utiliza sus mecanismos y convenciones a fin de "desconstruirla", y también ofrece una serie de circunstancias como alternativas: la apertura dialógica (que se relaciona con la heteroglosia), el revisionismo del pasado y la tradición, y el cambio de enfoque de lo nacional a lo individual (6-39). El hecho de que la parodia subvierta y desconstruya categorías hegemónicas como la épica, contribuye a mantener la heteroglosia y la uniformidad del modernismo como discurso unitario, pues refleja las fuerzas estratificadoras y centrífugas que influyen sobre el discurso desde fuera, dándole el carácter de apertura [*unfinalizedness*] necesario para dar voz al individuo. Al llegar a este punto, la forma, subvertida y "descalificada" merced a la parodia, constituye una imagen discursiva que representa la respuesta contrahegemónica.

Finalmente, la carnavalización, manifestación contrahegemónica, representa el aspecto al que Bakhtin se refiere como la "suspensión de jerarquías" (*Rabelais* 10) y es, si se quiere, una forma simbólica de rebelión. Las imágenes o representaciones del cuerpo, en toda su calidad escatológica, adquieren valor como ilustraciones del "realismo grotesco" (18) en el que el cuerpo tiene un significado cósmico, y su representación hiperbólica adquiere un matiz positivo:

> The leading themes of these images of bodily life are fertility, growth, and a brimming over-abundance. Manifestations of this life refer not to the isolated biological individual, not to the private, egotistic "economic man", but to the collective ancestral body of all the people. Abundance and the all-people's elements also determine the gay and festive character of all images of bodily life... The material bodily principle is a triumphant, festive principle, it is a "banquet for all the world". (19)

Por principio, este tipo de representación es degradante, pero en el caso particular al que se refiere Bakhtin no implica únicamente destrucción moral, sino también regeneración:

> Degradation digs a bodily grave for a new birth; it has not only a destructive, negative aspect, but also a regenerating one. To degrade an object does not imply merely hurling it into the void of nonexistence, into absolute destruction, but to hurl it down to the reproductive lower stratum, the zone in which conception and a new birth take place. Grotesque realism knows no other level; it is the fruitful earth and the womb. It is always conceiving. (21)

Mediante la insistencia en el constante proceso de creación, en el ciclo regenerativo que inicia (o continúa) la destrucción, al exaltar lo físico y el cuerpo la carnavalización simboliza la celebración de la naturaleza y el triunfo sobre la jerarquía y la civilización (19). Estos dos aspectos en particular, el redescubrimiento de la naturaleza americana y su valor sobre otras jerarquías impuestas, son síntoma y emblema de la rebeldía del modernismo. Mediante la heteroglosia, el discurso modernista se integra a la red de significados emanada o compartida por el centro cultural hegemónico. Pero mediante el discurso paródico, cuestiona las formulaciones que recibe, erosiona los cimientos en que se basan los principios de poder, y traduce, en forma jocosa, sutil y renovadora, su mensaje subversivo, carnavalesco, rebelde ante las imposiciones. Así presenta Zavala al modernismo: como un rechazo a las relaciones imaginarias de la dialéctica amo-esclavo, pues el dialogismo transforma el proceso de comunicación entre el centro y la periferia. De hecho, el discurso modernista, añade, es un proceso en el cual los grupos sociales recurren a la heteroglosia en sus intentos de establecer su influencia intelectual, cultural y moral, con lo cual también redefinen, según recuerda Zavala, el mismo mapa social e ideológico del momento (*Colonialism* 8-9).

En virtud de los procesos anteriores de cambio y renovación, la "desacralización" que realiza el modernismo opera en forma similar a las imágenes escatológicas a que alude Bakhtin, y por esa razón se encuentran en el discurso modernista ideologemas sobre la modernidad: la necesidad de cambiar lo anacrónico por lo "moderno" y contemporáneo. Así comprendemos, por ejemplo, las reformulaciones que ofrece Darío en relatos como "El sátiro sordo", en el que la figura mitológica del sátiro representa los mismos valores que, en otros momentos literarios, Darío ha declarado como nocivos y opuestos a la "modernización" cultural. De manera similar opera su manipulación de términos religiosos, que presentan una identificación entre arte y religión, aprovechando en este caso la dimensión mística que Darío encuentra en ambas actividades; esta desacralización particular aparece en sus "Palabras liminares" a las *Prosas profanas* (1896), como parte de su agenda o programa literario y político. A partir de esta intención renovadora se encuentra una confrontación: todo lo que la estructura social burguesa latinoamericana juzgaba superfluo, tenía valor dentro del discurso modernista. Al mismo tiempo, todo lo que para la sociedad burguesa era sagrado, como la industrialización, la producción, las ganancias y el acaparamiento de bienes, para los modernistas era blanco ideal en la articulación de un discurso paródico de respuesta. De esta suerte, las convenciones e instituciones burguesas–hegemónicas, representativas de la metrópolis y su cultura–se ven transformadas en imágenes carnavalescas, parodiadas, ridiculizadas y burladas, o bien reformuladas de acuerdo con el código establecido por los modernistas. Gestos de esta "desacralización" se encuentran en la transferencia de valores que muestran las expresiones de uso común de la época, como la "religión del arte" y el "credo artístico" equivalentes a "estética" y "estilo". Ambas expresiones, de hecho, son emblemáticas de la influencia de la heteroglosia pues contienen una parodia que abre los vocablos involucrados y los reacentúa mediante lo carnavalesco, que, a su vez, cuestiona las instituciones de autoridad y las subvierte en favor del cambio, la renovación y el renacimiento.[4]

---

[4] Una visión similar a lo carnavalesco, y centrada en la literatura española y latinoamericana, es la de Gustavo Pérez Firmat en *Literature and Liminality: Festive Readings in the Hispanic Tradition* (Durham: Duke UP, 1986).

La carnavalización y desacralización de las instituciones, favorecida por la heteroglosia y la parodia, se encuentran en la obra de Darío, como lo confirma el análisis comparativo de Ángel Rama de los poemas "Palabras de la satiresa" y "Les ingénus" de Verlaine (*Darío* 118-119). No sólo se encuentran yuxtaposiciones de categorías en ambos poemas sino también la reasignación de significados que sufren ciertos "signos" culturales, como lo son las figuras mitológicas. En el poema de Verlaine, afirma Rama, las sugerencias permanecen ambiguas, mientras que en el poema dariano, el erotismo surge como fuerza vital y necesaria para el poema. Además, Rama observa que si bien Pan, Apolo, el argonauta y la lira son categorías previas al poema, Darío las maneja como signos absolutos y no como referentes a figuras externas al poema. Esto equivale a decir que las alusiones del poema adquieren valor propio, como signos que en lugar de remitir al lector a un referente clásico, han cobrado valor intrínseco. Por esta razón, respecto a esta reacentuación de símbolos afirma Rama que "[l]o propio de Darío es la armazón de ese conjunto conceptual, las vinculaciones establecidas entre los componentes, que él entiende subrepticiamente como otro tipo de música, paralela a la verbal acostumbrada de su verso" (119). Anota Zavala que, al realizar la sacralización del arte y la desacralización de la burguesía, la religión y el *status quo* (*Colonialism* 61-63), se manifiesta la motivación político-cultural del modernismo: llevar a cabo lo que Bhabha llamaría "la escritura de la nación" (*Nation* 4-5) con base en un "lenguaje unitario" y rebelde ante los dictados del centro hegemónico cultural.

3. LA PRESENCIA Y LOS TEXTOS: UNA GRAMATOLOGÍA LATINOAMERICANA

El modernismo, por su calidad como cronotopo, contrae una condición particular de enfrentamiento que se manifiesta, indica Zavala, en su discurso como un lugar de encuentros culturales y resolución de conflictos (*Colonialism* 5, 57-58). En el discurso modernista se encuentran así tanto los elementos de la anáfora cultural, como el conflicto entre la imagen adquirida y la deseada, o, como diría Bakhtin, el "pasado recibido" y el "pasado creado" (*Rabelais* 63-64). Los textos modernistas que contribuyeron a difundir esta doble vertiente, al establecerse como representaciones ideológicas (o ideologemas), operan de acuerdo con lo que se puede llamar la "metafísica de la presencia" a través de su logocentrismo.

Dentro del sistema de textos que infunde vida y "realidad" a la identidad cultural latinoamericana, el encuentro cultural se halla expresado en términos casi confrontacionales, o, como expresara Gutiérrez Girardot, polarizados, sea entre modernismo y noventa y ocho o modernismo y tradición (7). Por medio de los esquemas confrontacionales que se observan, por ejemplo, en "Nuestra América" de Martí, y en *Ariel*, de José Enrique Rodó, los modernistas aspiraban a lograr una emancipación de las categorías impuestas por el centro hegemónico, como el arte imitativo (de Europa), proponiendo como alternativa su propia producción: el arte creador que llevaría, a la larga, a la definición de la cultura que lo producía. A raíz de esta alternativa de arte imitativo frente al arte creador, surgió la preferencia de hablar de "arte americano" y no de "arte nacional" (Zavala, *Colonialism* 39), como maneras equivalentes de establecer un precedente de identidad. Esta emancipación se lograría al crear un *corpus* de categorías propias, liberado de las categorías de género y estilo provenientes de la metrópolis cultural, y congruente con los objetivos del discurso modernista: construir un centro propio, y transformar el poder político para establecer un nuevo orden (21).

Con todo, esta óptica tensional, este universo potencialmente conflictivo que parece asomarse en nuestra descripción adoptó, como estrategia de supervivencia, un rasgo ideológico moderno: la idea de producción. Pese a estar fuertemente vinculada a los valores del capitalismo, emergente en la América Hispana, la idea de producción como valor artístico se insinúa en las obras modernistas como elemento necesario para la consecución de la autonomía, según puntualiza Noé Jitrik. Al establecer las bases que forman "el sistema modernista", los autores adoptaron, en un espíritu desacralizador, una concepción "fabril" del discurso (Jitrik 79). Además, como indica Pérus, la constante mención de riquezas y fortunas que aparece en la obra modernista, aunque matizada como exótica e imaginaria, refleja la acumulación de capital que prevalecía como objetivo de la clase burguesa durante este período (Pérus 123). Al relacionar estas circunstancias–el surgimiento de lo fabril–con lo que Françoise Pérus denomina una ruptura relativa con respecto a la tradición española–cuando los modelos artísticos empezaron a venir de Francia–(67) se hace evidente que parte del afán de autonomía de América Hispana consistía en reemplazar al centro hegemónico español en su función de emisor de modelos "vendiéndole" nuevas normas, constituyéndose así en un proveedor de paradigmas estilísticos (69). La originalidad de la creación artística pasó a ocupar el lugar primordial dentro de las categorías de un discurso híbrido, lleno de elementos propios y ajenos, artísticos y prosaicos, sacralizados y desacralizados; la producción literaria y su relación con lo fabril llevó a los modernistas a ver la función social de su obra en términos industriales:

> [E]n la máquina poética [...] se exige [...] la perfección de un resultado [y] como condición, la originalidad [...]. [L]a perfección es en cierto modo sinónimo de máquina, [y] la originalidad conecta con otra instancia del mundo moderno: [...] el "invento", concepto que de ninguna manera es antagónico de la máquina sino [...] complementario. (Jitrik 82-83)

La inserción del discurso fabril, la conciencia del poder económico en la esfera cultural y la concepción de la literatura como un sistema regido por normas de oferta y demanda, justifican la afirmación de Zavala, que considera el modernismo una ideología y cronotopo, un área de influencias que supera lo literario y ocupa lo político y lo ideológico, como podemos notar cuando afirma lo siguiente: "[M]odernism became an organic ideology at the turn of the century, creating an hegemony of cultural formalization founded in the logic of identity, while bringing into question forms of capitalist expansion" (Zavala, *Colonialism* 5).

La recurrencia a la polarización, la combinación de discursos ideológicamente opuestos (el discurso fabril y el artístico), la sacralización y carnavalización, la parodia y la autocrítica del discurso dentro del texto, llevan a una circunstancia peculiar de ambivalencia con respecto al objetivo mismo del discurso modernista, que es construir un centro alterno, una nación. Si bien en este caso cabe preguntarse si el objetivo dariano es una nación o un sentimiento panamericanista, el hecho es que su fundación de un espacio alterno e ideal va fuertemente identificada con los espacios físicos de Hispanoamérica. En suma, las ilustraciones y descripciones darianas, las referencias a este centro alterno apuntan a la forja de una comunidad cultural nueva, propia e inclusiva de todo lo hispánico. Pese a que aún sufre de una cierta ambivalencia, la consecuente tensión interna de este discurso de respuesta confirma las afirmaciones de Homi Bhabha con respecto a la idea de nación (*Nation* 3-4), que la postulan como una forma de elaboración cultural que coloca a la cultura misma como su elemento más productivo: una fuerza que ejerce tanto subordinación, fractura, difusión y reproducción como producción, creación, fuerza y guía. El problema que persiste es que, según anota Bhabha

> [t]he locality of national culture is neither unified nor unitary in relation to itself, nor must it be seen simply as "other" in relation to what is outside or beyond it. The boundary is Janus-faced and the problem of outside/inside must always itself be a process of hybridity, incorporating new "people" in relation to the body politic, generating other sites of meaning and, inevitably, in the political process, producing [...] antagonism and unpredictable forces for political representation. (4)

Los modernistas se proponían abolir esta ambivalencia, al instituir un discurso basado en su realidad social y cultural mediante la institución de un discurso literario propio, que traería como efecto la creación nominal de una identidad. A fin de establecer una voz artística propia mediante un discurso que les perteneciera, los modernistas se dedicaron a una subversión sistemática del discurso hegemónico, así como a la recreación o reacentuación de imágenes, géneros y convenciones previas. De este modo, los autores latinoamericanos, merced a los mecanismos de la transculturación que regulan el tráfico entre el centro y el margen, podrían responder al centro a nivel semántico y a nivel ideológico. El nivel semántico implica una respuesta en la que todos los signos han pasado por un proceso de transculturación que los adapta a un entorno sincrético. El nivel ideológico consiste en la creación de un *locus amœnus*, basado en las imágenes y signos apropiados del centro. El objetivo subyacente es, como observa Rama, "un esfuerzo obsesivo de autonomía" (*Darío* 20), que también justifica la creación textual de una nación, así como la definición de una identidad propia, un Yo-cultural, basado en las estrategias discursivas que el centro usa para definir al otro. El hecho de que la presencia del otro, como afirma Bhabha (*Nation* 4) nunca sea lejana, sino que emerja del discurso mismo, refleja la conciencia viva y constante del sincretismo que expresó Bolívar en la anáfora cultural.

El otro es necesario en la afirmación del *ethos* latinoamericano, el evasivo yo-cultural. Esta afirmación toma lugar en actos discursivos, en los textos escritos. El discurso latinoamericano se materializa como texto resultante de la heteroglosia cultural, y aprovecha otros discursos y elementos culturales que se valen del discurso del otro como referente y base del yo-cultural. Así, el discurso escrito refleja la apropiación de los símbolos del otro y los hace suyos al reacentuarlos o reinterpretarlos, especialmente *en los textos que produce*. Estos textos de autoafirmación contienen tanto una aguda conciencia de la existencia del otro, como una decidida intención nominalista: "crear" una identidad en forma casi adánica, al darle un nombre, investirla de calidades y, principalmente, producir un sistema de textos que continúe este programa.

Aquí entra la noción de gramatología, definida por Derrida como "la ciencia de la escritura" (*Grammatologie* 13-14), para proveer una respuesta y solución al problema de tensión cultural experimentado en América Hispana. Al ser instrumental en la creación de un sistema de textos, la gramatología se transforma en una ciencia de los textos que conlleva el análisis e "historia" de la escritura. No se trata, sin embargo, de una escritura como la citada por Derrida.[5] Es más bien una escritura que invoca la metafísica de la presencia para otorgar existencia a entidades ambivalentes y abstractas como cultura y nación, mediante el discurso, representado por los textos. Éstos, según Derrida, recurren al fonocentrismo (por el hecho de estar escritos en un alfabeto fonético) para suplir la ausencia de la voz, habla, o acto discursivo. Luego, la invocación de la presencia que llevan a cabo se basa en su cercanía al habla, o, como afirma Derrida, al Ser (del otro) y por esta razón pueden funcionar como representaciones de lo que no está presente:

> [L]e phonocentrisme se confond avec la détermination historial du sens de l'être en général comme *présence*, avec toutes les sous déterminations qui dépendent de cette forme générale et qui organisent en elle leur système et leur enchaînement historial (présence de la chose au regard comme *eidos* [imagen], présence comme substance/essence/existence (*ousia* [esencial, existen-

---

[5] "On tend maintenant à dire 'écriture' pour tout cela et pour autre chose: pour désigner non seulement les gestes physiques de l'inscription littérale, pictoriographique ou idéographique, mais aussi la totalité de ce qui la rende possible..." (*Grammatologie* 19).

cial]), présence temporelle comme pointe (*stigmé* [signo, estigma, marca]) du maintenant ou de l'instant (*nun* [presente]), présence à soi du cogito, conscience, subjectivité, co-présence de l'autre et de soi, intersubjectivité comme phénomène intentional de l'ego, etc.). (23)

Considerando que los textos suplen la presencia del autor y sustituyen la voz natural emitida por el hablante (*phoné*), también son representaciones del razonamiento (logos) del otro, y *representaciones* del ser: significan o refieren (de la misma forma que el significante representa al significado) al Otro. Así pues, el *discurso* del otro es también su *representación*:

Le logos *de* l'être, la Pensée obéissante à la Voix de l' 'Etre' est la première et la dernière ressource du signe [...]. Ce n'est pas un hasard si la pensée de l'être, comme pensée de ce signifié trascendental, se manifeste par excellence dans la voix: c'est-à-dire dans une langue de mots. (33)

Al mismo tiempo que el Ser, según el logocentrismo, se manifiesta en el discurso, se indica una reflexión sobre el otro al "hacerlo presente" o traerlo a la "realidad" del texto. Esta metafísica de la presencia que Derrida presenta como uno de los ejes de la civilización occidental, es la misma que los modernistas aprovechan para invocar la "presencia" de una "nación" en el texto, que a su vez se convierte en "signo" o "elemento representativo" de esta nación. La "invocación" de una presencia nacional trae consigo el proceso de la *différance* o creación de relaciones entre un significado y un significante (92). Además, la base logocéntrica es de naturaleza nominalista e implica que la escritura puede establecer calidad existencial (Ser) así como cultura. De esta manera, Derrida establece el logocentrismo como iniciador del discurso dominante o hegemónico, lo cual, a su vez, abre la puerta a la existencia de discursos tanto "alternos" como "subversivos".

Es así como los textos y su encadenamiento son la inauguración de un discurso y una literatura; en suma, de una gramatología americana. Las relaciones entre logocentrismo, el decidido ánimo de crear una "cultura" y una nación partiendo del sincretismo, y la conciencia de la anáfora cultural que marca la identidad latinoamericana constituyen los rasgos de los que partieron los modernistas en su inauguración de un "habla" o una "voz" propia. Siguiendo esta línea, se puede decir que los textos de estos autores "invocan" una presencia, pues el Ser al que aspiran es de naturaleza cultural, el objetivo al que apuntan es el punto de balance de la anáfora cultural, y su propósito es reformular el discurso americano, darle una identidad textual que sirva para invocar una presencia cultural. La creación de un *locus amœnus* por parte de los autores modernistas involucra, en este caso, la creación *textual* de la nación, un discurso fundacional, la definición cultural del continente mediante una combinación armónica de contrarios. Al recurrir a un discurso subvertor de las convenciones, carnavalesco, sacralizador, paródico y consciente de su propio alcance, los modernistas dieron un paso hacia una formulación cultural. El proceso de emergencia del discurso modernista hizo mucho más que sobrecodificar íconos; como afirma Zavala,

> [w]hat colonialism fragmented, modernists decentered in the semiotic struggle for signs. The modernist subject position was one of cultural affirmation. What this modern discourse displayed was the salutary effect of affirming language and signs as a potent symbol of collective identity. (78-79)

En suma, el modernismo, por su naturaleza como resultado de una transculturación, crea al mismo tiempo una problemática propia, ya que sus manifestaciones reflejan una tensión con sus fuentes, las manifestaciones literarias y culturales europeas. De este modo, la tensión resultante muestra una especie de identidad dual, con problemas propios y exclusivos, caracterizados por una constante oscilación entre dos polos culturales, el del centro hegemónico emisor y modelador de cultura, y un margen emergente, que intenta producir su propia noción de cultura. Con todo, esta aparente dualidad identitaria parece encontrar un nivel de resolución merced a la propuesta del discurso modernista, que ofrece una vía de resolución y unificación a través de una respuesta cultural unificada, que consiste en producir una respuesta cultural tangible, a través de textos. En otras palabras, una gramatología hispanoamericana.

Capítulo II

"PALABRAS LIMINARES": MODELO DE RESPUESTA CULTURAL

1. El sistema modernista

COMO modernista, Darío comprendía la importancia del lenguaje y el poder de las palabras, y fue esta conciencia la que lo llevó a crear una retórica alternativa, un lenguaje que aprovecha la anáfora cultural, creando relaciones tensionales entre términos diferentes en origen y contexto. La inmediatez o cercanía entre términos que aluden a diferentes realidades culturales, idiosincrasias y valores, se convierte en una constante retórica que enfatiza los contrastes y tensiones discursivas. De este modo, al crear relaciones de inmediatez entre términos cargados de connotaciones, Darío forjó la atmósfera carnavalesca y subversora que sustentaría su respuesta al centro cultural. En todo caso, el énfasis en la arquitectura verbal, que persiste en la literatura hispanoamericana contemporánea, tiene un valor particular: como observa Jacques Derrida, la conciencia del valor del signo es inherente a *toda* actividad que involucre el manejo de formas, y sería una falacia atribuir esta preocupación únicamente a una disciplina o actitud crítica.[1] Así, la inquietud sobre el lenguaje es "signe d'une époque, la mode d'une saison ou le symptôme d'une crise [...]. [L]a question sur le signe est d'elle même [...] autre chose en tout cas, qu'un signe du temps. Rêver de l'y réduire, c'est rêver de violence" (*Ecriture* 9).

---

[1] En el ensayo "Force et signification" (*L'écriture et la différence*) Derrida cuestiona la terminología del estructuralismo así como su base filosófica y metodológica. Por esa razón enfatiza que la noción de *forma* (término que prefiere al de "estructura") no es objeto de estudio, creación o contribución exclusiva de la crítica estructuralista, por ser parte integrante de la cultura occidental (*Ecriture* 11).

Aunque Derrida afirme que caracterizar la preocupación por los signos como "un signo de los tiempos" sea una "reducción violenta", la magnitud que alcanzó esta preocupación particular marcó el período modernista como uno de los más singulares de la historia literaria hispanoamericana. Durante el modernismo la palabra y su manejo adquirieron un valor insospechado como signos. Como señala Paz, los signos, representados por pequeños *bibelots* y chinerías, podían cambiar valor ante los ojos de estos autores (*Cuadrivio* 14), "tenían alma" y reflejaban, en forma casi nominalista, el orden del universo. Por esta razón aduce Paz que si "[e]l lenguaje es un doble mágico del cosmos" (25), su manejo, de acuerdo con los dictados de la poesía y el ritmo de la naturaleza, lleva a la reorganización del universo.

Debido a esta fuerza invocadora del lenguaje señalada arriba es que cabe referirse a la noción del sistema de signos, propugnada por Ricardo Gullón en su ensayo sobre el modernismo. Cuando Gullón explica esta voluntad de "creación" a través del lenguaje afirma que "[t]ranslating the ineffable and *creating a system of signs for it* are the purpose of the Modernist poet" ("Symbolism" 213, énfasis mío); de este modo, también señala la definida dirección del movimiento, descrita por Darío en varias ocasiones, que es, precisamente, construir una gramatología, un *corpus* de textos o una literatura que constituya una respuesta cultural.

Darío, contribuyente asiduo en la creación del sistema modernista, adoptó y popularizó una colección de símbolos a los que reatribuyó significados particulares. La iconografía rubeniana, compartida por otros modernistas, incluye colores como el azul, y criaturas como los cisnes, faunos, sátiros, gnomos y ninfas, todas recodificadas (Rama, *Darío* 117), esto es, dotadas de un valor propio, de un "alma" y significado individual más relacionado con su poder evocativo como signos que con un referente o tradición artística particular. Basado en esta redistribución de signos y significantes, Darío la usó para forjar una retórica de yuxtaposiciones que articula la anáfora cultural en forma diferente a la de Bolívar y Martí. En contraste con estas figuras, Darío evade las confrontaciones y crea relaciones de cercanía o inmediatez entre distintos términos, para producir una tensión semántica entre las palabras.[2] El fin ulterior es el de resaltar

---

[2] La forma en que José Enrique Rodó maneja la anáfora cultural resulta particularmente interesante y, hasta cierto punto, semejante a la retórica de tensiones que

ciertas relaciones, subrayar contradicciones, hacer hincapié en contrastes particulares, forjar anacronismos deliberados y provocar una reacción en el lector que, en última instancia, lleva a una aparente reasignación de valores semánticos. Las tensiones entre términos, de hecho, caracterizan al sistema modernista porque lo fuerza a trabajar con elementos (términos) cuyo valor ha sido transformado o, como diría Bakhtin, reacentuado. Así pues, si bien las flores de lis, los cisnes, los parques y las ninfas conservan valor referencial dentro del universo modernista, al aparecer en los textos darianos convergen con otros términos ajenos al sistema. Este encuentro establece una inmediata tensión entre contenidos o significados que crea un efecto particular, similar a la definición de metáfora según Lautréamont: encuentros insólitos en lugares inesperados que ocurren *únicamente* dentro de un texto, en forma escrita.[3] Estas circunstancias ayudan a comprender la relación de extrañeza que se da entre el *sátiro* (figura mitológica grecorromana) que habita en la *selva* (imagen americana) como figura de enlace entre Europa y América ("El sátiro sordo"). O bien a percibir de forma diferente al *hada* (criatura mítica occidental) que coadyuva la *producción* (meta del sistema fabril moderno) de los artistas, y metaforiza así la situación del artista como miembro de una sociedad de consumo ("La reina Mab"). En ambos casos, las imágenes y su referente van más allá de ser una negociación retórica, y representan tanto un intento de universalización, como la supresión de diferencias geográficas y el fin de las diferencias culturales. Por un lado, el sátiro traspone sus raíces europeas para internarse en una "selva" americana, mientras el hada abandona su temporalidad, coincidiendo así en la modernidad con imágenes culturales universales. De este modo, tanto el sátiro como el hada, en su convivencia textual, anuncian la aparición de una verdadera "Cosmópolis", una "metrópolis" cultural, "acrática" como la estética dariana, "anarquista" como debía ser el arte, y fundamentalmente circunscrita a "la idea", fin último del artista de la modernidad.

---

promovió el mismo Darío. En *Ariel*, Rodó, a fin de enfatizar las diferencias entre la "latinidad" y lo no-latino (específicamente los Estados Unidos), recurre a iconos anglosajones como Ariel y Calibán, y menciona a historiadores franceses como Ernest Renan.

[3] Ricardo Gullón, en el artículo citado previamente, analiza la iconografía modernista como proveniente del simbolismo, y en su afán de explicar el significado de los parques, cisnes, y flores de lis, no parece considerar la posibilidad de una lectura o interpretación de estos elementos que no se desprenda, de una u otra forma, de su filiación simbolista.

Es así como la conciencia de los signos y la importancia de su manejo, rasgos manifiestos por Darío, dan voz a un conjunto de naciones; y en su nombre se lanzan los modernistas a "producir" un sistema entero, una representación cultural. Se confirma así la afirmación de Derrida:

> Conscience d'avoir à dire comme conscience de rien, conscience qui n'est pas l'indigente mais l'oprimée du tout. Conscience de rien à partir de laquelle toute conscience de quelque chose peut s'enrichir, prendre sens et figure. Et surgir toute parole. Car la pensée de la chose comme ce qu'elle est se confond déjà avec l'expérience de la pure parole; et celle-ci avec l'expérience d'elle-même. (*Ecriture* 18)

Así como la conciencia de tener "algo" que decir conduce a la creación de signos y su experiencia (además de la experimentación con los signos mismos), la necesidad de convertir estos signos en "presencia", de investirlos de "realidad", lleva al autor a la "escritura" (*Ecriture*, 21). Si lo existente se confirma a través de la escritura, en el hecho de que se puede escribir *acerca de* lo que se desea "invocar", el escribir es un acto demiúrgico, una creación de signos que no tiene residencia fuera del texto, "lo escrito", ni esfera metafísica (como la idealidad platónica). La conciencia que Derrida atribuye al escritor para determinar o decidir lo que será vertido en signos se ve dictada por las circunstancias históricas que lo rodean. Este principio se confirma en el caso de Darío, que como artista, tal como Schulman ha afirmado, y para mantener su autonomía creativa,

> se vio obligado a labrar una cultura "fugitiva" y vivir enclaustrado en ella. De ahí que en esta época de crisis en que el modernismo se perfila dentro de la modernidad burguesa el signo del individuo y su mundo se cifre [según Rodó] en "la dispersión de voluntades y de fuerzas [y] la variedad inarmónica". (*Asedios* 21)

De esta situación emergen los rasgos principales del sistema modernista: su creatividad y su capacidad para representar las transformaciones culturales por las que pasaba la cultura hispanoamericana en la época.[4] Además, la pasión de los modernistas por lo exótico,

---

[4] Huelga añadir que Darío *no* inauguró este sistema. Como señalan Ivan A. Schulman (Castillo 326-330) y Manuel Pedro González (14) entre otros, autores co-

el pasado y el anhelo que compartían por convertirlos en imágenes esenciales de una expresión literaria confirma la imagen de la modernidad como un período de encuentros de toda naturaleza. Todas las culturas, historias y tradiciones se citan, reafirman o reformulan para emerger con un nuevo rostro, y le dan a la literatura hispanoamericana un vocabulario nuevo y, también se puede decir, propio, pues impulsa su incorporación en el centro hegemónico y generador de cultura.

2. El discurso de respuesta en las "Palabras liminares"

La intención modernista de crear una gramatología hispanoamericana llevó a los autores de la época a crear un sistema de signos dedicado a la solución de la anáfora cultural. Llevados por este afán de responder culturalmente al centro, los modernistas evadieron las proclamaciones de fanático americanismo y aislacionismo ciego pues no sólo no cabían dentro del espíritu de la modernidad, sino que tampoco constituían medios eficaces para la creación de una América contemporánea y culturalmente equivalente a Europa (Paz, *Cuadrivio* 13). En virtud de esta condición, que proponía la universalidad a través del arte y no la reivindicación de las fronteras políticas, la reiteración de la anáfora cultural adoptó una forma diferente, acaso más sutil, que, en lugar de establecer dependencias o reclamar derechos, afirmaba una identidad propia. Con Darío, la anáfora cultural se transforma en una retórica que establece una atmósfera de simultaneidad y universalidad, merced a su conciencia del poder de las palabras que, como poseedoras de "alma" y creadoras de belleza, trascienden las fronteras y circunstancias, como la nacionalidad y el idioma.

Para lograr este efecto de universalidad, Darío se vale de la connotación de los términos que maneja. Al situarlos en relación de inmediatez, se produce un efecto de tensión que cuestiona y subvierte el mensaje inmediato del texto. Asimismo, el uso de estos signos de naturaleza cultural constituye un acto de "apropiación" similar al que autores como Gautier, Laforgue y Baudelaire en Europa, y Ca-

---

mo José Martí, José Asunción Silva, Manuel Gutiérrez Nájera y Julián del Casal, antes considerados "precursores", son en realidad los iniciadores de lo que Darío llamaría posteriormente "movimiento de libertad".

sal y Gutiérrez Nájera en Hispanoamérica, habían llevado a cabo al adoptar imágenes ajenas a su entorno. Sin embargo, debemos recordar que la incorporación o apropiación de imágenes de valor cultural, como chinerías, japonerías, motivos medievales o leyendas nórdicas, y su resemantización o reacentuación dentro de la obra de estos autores responde a motivos muy distintos. Si para los europeos esta apropiación sigue el espíritu de la modernidad y la universalización, para los hispanoamericanos constituye un medio de respuesta al canon literario y cultural del centro, y por esa razón podemos verla como una subversión que opera mediante la parodia y la carnavalización. El aparente irrespeto con respecto a iconos como el cisne, las alondras, los parques y las figuras mitológicas se manifiesta en la forma en que los modernistas adoptaron y redefinieron su valor semántico, y lleva a una estética eminentemente cuestionadora y, mejor aún, moderna.

Los ejemplos de apropiación que aparecen en la obra de Darío van desde recursos retóricos hasta imágenes, y reflejan la intención de formar una gramatología hispanoamericana basada en una revolución, un "saqueo" de las formas, símbolos y recursos del centro que, en última instancia, permita crear una metrópolis de convergencia. A fin de ilustrar la manera en que Darío lleva a cabo los objetivos de la agenda modernista podemos examinar el texto de la conocida introducción de Darío a su libro *Prosas profanas*, de 1896, titulada "Palabras liminares". A lo largo de este prólogo se encuentran no sólo declaraciones de los elementos de la agenda modernista, sino también su práctica. Así pues, las "Palabras liminares" contienen algunos de los casos de transculturación, parodia, apropiación y desacralización que tipifican la producción de Darío.

Como estrategia de introducción, Darío crea un contrato narrativo con su lector mediante el recurso retórico denominado *præteritio*, que consiste en presentar la intención autorial mediante una negación. Su objetivo, según afirma Emir Rodríguez Monegal ("Darío" 671) es sentar un precedente, establecer su doctrina, y finalmente emitir un manifiesto, aunque haya afirmado que es innecesario, infructuoso e inoportuno. Para tal efecto Darío escribe:

> Después de *Azul...*, después de *Los raros*, voces insinuantes, buena y mala intención, entusiasmo sonoro y envidia subterránea –toda bella cosecha–, solicitaron lo que, en conciencia, no he creído fructuoso ni oportuno: un manifiesto. (Darío, *Profanas* 9)

La conciencia que tiene Darío de las voces, en oposición o complacencia ante el impacto de *Azul...* se hace evidente en la forma en que el poeta se sitúa con respecto a sus circunstancias literarias. Las "voces" mencionadas, en espíritu claramente dialógico, le plantearon la necesidad de escribir un manifiesto, una declaración de principios. Darío, astutamente, se valió de un procedimiento retórico para negar lo que, en efecto, estaba haciendo: escribir un manifiesto. Ahora bien, además del "manifiesto" dariano que aparece ante los ojos del lector como un texto "lisible", hay otro manifiesto, un texto "escribible" (Barthes, *S/Z* 10) tras las líneas de las "Palabras liminares", y que no se circunscribe a lo literario, sino que también, de forma velada, establece el tono de lo que se podría llamar "la respuesta del imperio" (Ashcroft et al. 7).[5] En esta respuesta articula Darío diferentes ejes de oposiciones, estableciendo relaciones de cercanía y tensión entre los términos de cada eje. En principio, Darío maneja categorías que reflejan la oposición entre Europa y América, situando términos alusivos a elementos culturales europeos en contacto con otros cuyo referente es americano, y anuncia, al proclamar su estética "acrática", los principios del discurso subversivo que se propone no sólo responder al centro desde el margen, sino dar voz al sujeto colonial para formular un discurso de autodeterminación, recurriendo a los mecanismos retóricos ya señalados, la parodia y la carnavalización, y creando tensiones entre los términos distribuidos (y evocados) a lo largo del texto.

En el párrafo siguiente de las "Palabras..." Darío explica las razones por las que no considera pertinente la emisión de un manifiesto. Las dos primeras son:

> a) ... [L]a absoluta falta de elevación mental de la mayoría pensante de nuestro continente [presumiblemente Hispanoamérica].
>
> b) ... [La incomprensión, debido a que] muchos de los mejores talentos están en el limbo de un completo desconocimiento del mismo Arte al que se consagran. (*Profanas* 9)

---

[5] Como afirman Ashcroft y Griffiths: "Why should post-colonial societies continue to engage with the imperial experience? Since all the post-colonial societies we discuss have achieved political independence, why is the issue of coloniality still relevant at all? This question of why the empire needs to write back to a centre once the imperial structure has been dismantled in political terms is an important one..." (Ashcroft et al. 7).

Junto a sus acusaciones contra los miembros de la "mayoría pensante" latinoamericana, Darío menciona el nombre de uno de los escritores de mayor influencia en la época, Remy de Gourmont (1858-1915), filósofo y esteta francés, autor de numerosos trabajos sobre literatura y estética.[6] La cita de Gourmont referente a la distancia existente entre el artista y el público, refleja una actitud compartida con los autores modernistas hispanoamericanos y peninsulares, según la cual el creador, debido a su sensibilidad, se enfrenta al mundo en forma diferente. Mientras en sus ensayos "La Dissociation des idées" y "Stéphane Mallarmé et l'idée de décadence", Gourmont presenta al artista como un artesano cuya materia son las ideas, Darío sitúa al artista, sufriente y sensible, en oposición a la figura de "El-que-no-comprende" o *celui-qui-ne-comprend-pas*, que es "entre nosotros, profesor, académico correspondiente de la Real Academia Española, periodista, abogado, poeta, *rastaquouère*" (9). El uso de la frase de Remy de Gourmont y la idea de "los-que-no-comprenden" reflejan la tensión cultural que experimenta Hispanoamérica frente a Europa en su dilema de pertenencia, tanto a nivel interno ("la mayoría pensante") como en relación al centro ("el arte").

Ésta no es la única manifestación de respuesta; Europa y América aparecen confrontadas, como en la anáfora cultural, aunque ahora la aceptación de una ya no excluye necesariamente la aceptación de la otra. Darío, al aludir a Remy de Gourmont, lo involucra no sólo en la problemática del escritor hispanoamericano, sino en la del sujeto colonial, pues el mismo Gourmont, mediante su frase, según la cita Darío, se sitúa a sí mismo como un autor "marginal" o "incomprendido". De este modo, si se aplican los términos de la

---

[6] En 1921, William Aspenwall Bradley, traductor de Gourmont, escribió en su Introducción a los ensayos del escritor francés: "When more than ten years ago, I wrote the first article on Remy de Gourmont which, so far as I know, appeared in America–North America, *bien entendu*, ... the author of *La Culture des Idées* and *Le Chemin de Velours* was already well known and admired in such South American literary capitals as Rio de Janeiro, Buenos Aires and La Plata" (Introduction iii). Considerando esta circunstancia, se puede asumir que Darío hubiera leído algo de Gourmont, o que al menos tuviera cierta familiaridad con sus teorías ya que algunos de los textos de Gourmont, más tarde publicados en *La Culture des idées* bajo el epígrafe de "Ironies et paradoxes", habían sido escritos en 1896. Además, Darío menciona al filósofo francés al referirse al apoyo que le había prestado durante la polémica suscitada por el título *Prosas profanas*: "Rémy de Gourmont [sic] me había manifestado ya respecto a dicho título, en una carta: «C'est une trouvaille»" (*Autobiografía* 85).

anáfora cultural, se encuentra que sí se puede ser americano y europeo a la vez mediante la experiencia análoga de la marginalización. Darío, a su vez artista marginado con respecto al *corpus* de profesores y académicos de la lengua, se coloca en la misma circunstancia que los "poètes maudits" franceses, y a la vez traslada la experiencia de su marginalidad a los dominios de la literatura europea de su tiempo.

La reformulación de la anáfora cultural no termina en el uso de alusiones. Al continuar con las razones por las que se niega a publicar un manifiesto Darío arguye que al profesar una "estética acrática, la imposición de un modelo o de un código implicaría una contradicción" (9). Al declarar su apertura, Darío advierte que su estética, su literatura es, de hecho, subversiva, como lo confirman los párrafos subsiguientes de las "Palabras...":

> Yo no tengo literatura "mía"–como la ha manifestado una magistral autoridad–para marcar el rumbo de los demás: mi literatura es *mía* en mí; quien siga servilmente mis huellas perderá su tesoro personal y, paje o esclavo, no podrá ocultar sello o librea. (10)

La "estética acrática" a la que se refiere Darío se manifiesta como la afirmación del individuo por encima de la colectividad, o bien como una respuesta del sujeto colonial con el fin de anular uno de los términos de la anáfora cultural: la necesidad de pertenecer al imperio a fin de ser americano. Si bien en su texto Darío declara su independencia con respecto a otras literaturas, estilos y autores al afirmar "mi literatura es *mía* en mí", esta frase también puede leerse como una afirmación de apropiación y autodefinición. Es decir, la literatura dariana es *producto* exclusivo de Darío mismo; el producto es propiedad, y al reclamar derechos sobre la propiedad se enfatiza la relación existente entre propiedad y generación del texto apropiado. Además de afirmar sus derechos, Darío crea, nuevamente, relaciones análogas entre su reclamo y el de Wagner. Tal como hiciera con Remy de Gourmont, Darío utiliza a Wagner como referente cultural europeo para transferirlo a su propia situación dentro de la literatura hispanoamericana: "Wagner, a Augusta Holmés, su discípula, dijo un día: 'Lo primero, no imitar a nadie y, sobre todo, a mí.' Gran decir" (10).

En el párrafo que continúa, Darío añade aún más "respuestas" al imperio. Después de haber presentado su afirmación de propiedad con respecto a su propia creación literaria, ejemplificando así la noción de una estética "acrática" (de la cual niega ser dirigente, ya que en ese momento dejaría de ser acrática), Darío recurre a la carnavalización y la desacralización de los valores burgueses y la sacralización de los valores artísticos al crear tensión entre términos de connotaciones diferentes: el arte y la religión. Al valerse de imágenes y referencias que evocan los monasterios, la vida en reclusión y el trabajo independiente y creativo, Darío asigna un valor particular al quehacer literario, lo "sacraliza". Sin embargo, esta sacralización de la literatura mediante una tensión con el arte trae, a la vez, una especie de desacralización de la religión. El proceso se hace patente cuando Darío yuxtapone el arte y la religión, produciendo una especie de equivalencia entre los dos en el espacio de un párrafo:

> Yo he dicho, en la misa rosa de mi juventud, mis antífonas, mis secuencias, mis profanas prosas.–Tiempo y menos fatiga de alma y corazón me han hecho falta para, como un buen monje artífice, hacer mis mayúsculas dignas de cada página del breviario. (A través de los fuegos divinos de las vidrieras historiadas me río del viento que sopla afuera, del mal que pasa.) (10)

Esta primera parte del párrafo citado relaciona la experiencia de la vida misma con analogías litúrgicas: la juventud es una "misa rosa", en la que el poeta ha dicho sus "antífonas" o cantos, así como sus "profanas prosas". Como "monje artífice", Darío invoca aquí una imagen no sólo metaliteraria sino también logocéntrica al mencionar su trabajo solitario en las letras iniciales de un manuscrito iluminado, que resulta ser un libro de oraciones o "breviario". Las "vidrieras historiadas" son referencias directas a los vitrales tras los que el autor se ampara en su trabajo solitario, similar al sacerdocio. Los procesos paralelos de sacralización y desacralización obedecen no sólo al principio de crear según una "estética acrática" sino también se presentan como una "respuesta". Un autor, Darío en este caso, al valerse de imágenes restringidas a un contexto determinado, se erige como "sacerdote del arte" y utiliza términos que se asocian con la tradición judeocristiana: religión, monasterio, tradición, textos iniciadores del sistema de escritura (gramatología) que sustenta la cultura occidental. De este modo, Darío emprende una sacralización del arte, que en este momento implica una desacralización de la religión.

Tanto sacralización como desacralización continúan en la segunda parte del mismo párrafo, en la que Darío enfatiza la similitud de las prácticas religiosas y, al mismo tiempo, crea un contraste entre la religión y arte. Este contraste, que Darío funda en símiles y metáforas, produce tensión entre los términos dentro del texto; de este modo las asociaciones entre "misa", "juventud", "antífonas" y "profanas prosas" llegan a su mayor extremo de subversividad, cuando la perspectiva viaja desde las alturas del campanario hasta la carnalidad y el erotismo:

> Tocad, campanas de oro, campanas de plata, tocad todos los días llamándome a la fiesta en que brillan los ojos de fuego, y las rosas de las bocas sangran delicias únicas. Mi órgano es un viejo clavicordio pompadour, al son del cual danzaron sus gavotas alegres abuelos; y el perfume de tu pecho es mi perfume, eterno incensario de carne, Varona inmortal, flor de mi costilla.
> Hombre soy. (10)

Las campanas darianas refuerzan la analogía del artista y el monje, aunque el contexto en que las rodea Darío sugiere campanas más "profanas" que las de un monasterio. El hecho de ser "campanas de oro, campanas de plata [...] [que llaman a] la fiesta en que brillan los ojos de fuego" crea una contradicción semántica, una tensión entre contextos que se manifiesta en el hecho de que las campanas, por asociación y según el contexto al que Darío recurre, son instrumentos para convocar a los fieles. La cercanía del vocablo "campanas" con fiesta no resulta del todo inesperada, por cuanto las campanas doblan también como celebración en días festivos. Sin embargo, su uso para convocar fieles a que participen en una fiesta "en que brillan los ojos de fuego, y las rosas de las bocas sangran delicias únicas" constituye una desacralización del símbolo, y de esta forma, al desacralizarlo, Darío le atribuye un significado nuevo, lo recontextualiza y reacentúa. De esta suerte, las campanas adquieren una connotación particular, proveniente de una carnavalización en la que las jerarquías se suspenden, invalidan o cuestionan (Bakhtin, *Rabelais* 10).

La erotización de las rosas ("[que] sangran delicias únicas") continúa el proceso de desacralización hasta trasladar el contexto de un plano religioso a uno definitivamente secular... y decadente. Darío realiza esta transición al trazar una analogía–que también implica una tensión–entre el órgano como instrumento sacro, y el clavicordio. En el momento de establecer "su órgano", Darío elige el clavicordio "pompadour" como su "órgano" (i.e. su símbolo, su centro cultural, su *axis mundi*). La elección de este instrumento cortesano y profano y su rechazo al instrumento tradicionalmente asociado con la liturgia, señala una actitud particular de alejamiento del centro. No se trata de una simple traslación espacial (de España a Francia) sino involucra un movimiento temporal (de la Edad Media y los monjes que iluminaban manuscritos, a la idealizada corte versallesca del siglo XVIII, vista a través de otros textos y obras de arte) y un rechazo del centro hegemónico. La elección de Darío, entonces, refleja los rasgos mencionados al inicio, a saber: el énfasis en los signos, su reacentuación o, como afirmarían Rama y Zavala, su recodificación (*Darío* 117, Zavala, *Cisne* 48), así como su uso para construir una gramatología propia de Hispanoamérica, que conduzca a la formación de un discurso de respuesta y subversión a través de los signos. De este modo, la Francia evocada a través del "clavicordio pompadour" no es una Francia histórica y oficialista, sino una respuesta más al imperio: "crear" una nación con símbolos apropiados, asimilados y reacentuados.

Tal como observa Rama en su examen de "Palabras de la satiresa" (*Darío* 117-120), el erotismo dariano simboliza el impulso creador y generador. A la manera de Sommer, que invoca una relación metonímica entre tierra y protagonista en las novelas decimonónicas hispanoamericanas (*Fictions* 41, 257), Darío recurre al erotismo para simbolizar el acto creador de forma que recuerda el concepto de *jouissance* del que habla Barthes (*Plaisir* 15). En este caso particular, tal como expresa Bakhtin (*Rabelais* 380), la representación–o insinuación–de las funciones físicas también implica una degradación y renacimiento, una actitud subversiva, un reto a la autoridad establecida. De ahí que, en las "Palabras liminares" Darío, después de insertar referentes europeos, como lo son las "gavotas alegres", pase a hablar del "perfume de tu pecho". Esta alusión, en relación de cercanía con una construcción típicamente dariana como "incensario de carne", refuerza el proceso de desacralización iniciado a la mitad del párrafo. Las últimas oraciones, epítetos clásicos, se erigen como construcciones que subvierten las imágenes en que se basan: "varona", término deliberadamente andrógino, sustituye a "mujer", mientras "flor de mi costilla" combina dos ideas sobre la representación femenina de forma tal que entran en tensión. Una de ellas es la imagen lírica y profana de la flor y la alusión bíblica a la creación de la mujer; al combinar lo sacro con lo secular, Darío sacraliza el erotismo, a la vez que desacraliza la asociación religiosa. La combinación que asocia la religión (del arte) con el placer (de crear) llega al punto de establecer la pauta "fundacional" con que terminan las "Palabras liminares": "Y la primera ley, creador, crear. Bufe el eunuco. Cuando una musa te dé un hijo, queden las otras ocho encinta" (12).[7]

La estética acrática, la desacralización y la apropiación de signos que caracterizan el discurso dariano se manifiestan claramente en el párrafo con que continúa su declaración de principios en las "Palabras...". Si bien Darío retoma los elementos de la anáfora cultural, en lugar de enfatizar las diferencias entre culturas, se vale de la noción de "variedad inarmónica" mencionada por Rodó, para presentarlos como elementos coexistentes dentro de un universo cultural favorecido por la heteroglosia y el discurso paródico. De este modo, valiéndose de un discurso lleno de alternancias y yuxtaposiciones, Darío personaliza o individualiza la misma idea que Martí utilizara en "Nuestra América" cuando reitera la anáfora cultural con evocaciones de culturas y etnias (305-306). Sin embargo, mientras Martí escribe en primera persona del plural, presenta una multiplicidad de grupos étnicos representativos de Hispanoamérica, y establece una polarización entre el "campesino", "la ciudad desdeñosa" y las "charreteras y togas" frente a "la alpargata en los pies y la vincha en la cabeza", Darío se refiere a sí mismo como creador, y establece así una nueva esfera de influencia, el "Arte", dentro de la cual su manifiesto adquiere sentido. Además, Darío hace hincapié en la posibilidad de compartir referencias culturales, tanto de América como de Europa, a fin de utilizar como respuesta cultural la tensión que resulta de esta compatibilidad. De esta suerte continúa:

> ¿Hay en mi sangre alguna gota de sangre de Africa, o de indio chorotega o nagrandano? Pudiera ser, a despecho de mis manos

---

[7] Debe notarse la similitud entre esta exhortación a la creación de Darío en 1896, y la de Martí en "Nuestra América" de 1891. Si por un lado, Martí exhorta la producción intelectual valiéndose de la imagen del vino para señalar su calidad como producto, la creación sugerida por Darío tiene un tono más tradicional por aludir a la similitud de la relación entre la obra literaria y su autor con la relación entre padres e hijos. Con todo, esta misma afirmación no deja de presentar un germen de desacralización al plantear la sexualidad como relación entre el autor y su musa.

> de marqués; más he aquí que veréis en mis versos princesas, reyes, cosas imperiales, visiones de países lejanos o imposibles; ¡qué queréis!, yo detesto la vida y el tiempo en que me tocó nacer; y a un presidente de República no podré saludarle en el idioma en que te cantaría a tí, ¡oh Halagabal!, de cuya corte–oro, seda, mármol–me acuerdo en sueños... (*Profanas* 10-11)

Como Martí, Darío también recurre a la multiplicidad y la variedad étnica hispanoamericana, así como a imágenes evocativas de lo europeo como "las manos de marqués" y las "princesas, reyes" y "cosas imperiales". Si bien Darío repite la anáfora cultural, evita el discurso confrontacional al situar uno de los términos de la anáfora en el pasado, o bien al colocarlo en la esfera de lo irreal. Los términos de la anáfora, representados inicialmente por la "sangre de indio" y las "manos de marqués", no se oponen en exclusión mutua, pues la referencia a la nobleza está asociada con las "princesas, reyes [y] cosas imperiales" que Darío se propone plasmar en su texto, y la sangre africana o indígena no interviene en contra de que su arte lo lleve a "visiones de países lejanos o imposibles", pues ninguno de los dos términos comparte una misma esfera de realidad. Con relación a su propio tiempo y circunstancia, Darío presenta claramente la tensión entre la modernidad, democrática y republicana, y la antigüedad, llena de figuras como "Halagabal", cuya corte sólo "recuerda en sueños", y cuyo lenguaje no se presta para saludar a "un presidente de República".

En la profusión de referencias que hace Darío en este párrafo se puede observar una actitud particular, proveniente de su tono individualista: la del individuo que, al verse sujeto a una determinada situación sociocultural, se rebela contra ella mediante una sublimación, es decir, un vehículo socialmente aceptable como lo es el Arte. Partiendo de esta idea Darío emite su protesta abiertamente al declarar su desprecio por "la vida y el tiempo" en que le tocó nacer. Esta declaración, al mismo tiempo que lo sitúa dentro de la esfera políticamente segura del Arte, le sirve para establecer su actitud rebelde ante la situación de sumisión cultural y política de Hispanoamérica. Darío, el artista, no puede relacionarse con su tiempo debido a su propia cercanía a signos sobrecodificados como "princesas, reyes, cosas imperiales, visiones de países lejanos o imposibles", y tampoco puede utilizar la lengua poética, el instrumento que hace que su literatura sea "suya", para "saludar" a un "presidente de República", pues éste no comprendería el idioma en que Darío le "cantaría" a "Halagabal", cuya corte onírica está llena de "oro, seda, mármol", todos materiales igualmente "lejanos e imposibles", aunque pertenezcan, hasta cierto punto, al universo de signos creado por Darío.

Para compensar su protesta con la presentación de una América refractaria a las alusiones míticas, Darío presenta su aspecto histórico utilizando nombres de ciudades indígenas precolombinas en lugar de países legendarios o irreales. La yuxtaposición que se da en este fragmento particular es de interés por tratarse de una respuesta anti-imperialista, un manifiesto de identidad trascrito en el código de símbolos modernistas. El hecho de que Darío lo haya incluido entre paréntesis dentro de su texto resulta sugerente, pues resalta como un susurro, como un aparte teatral que se dirige al lector transgrediendo a la vez la forma establecida.

> (Si hay poesía en nuestra América ella está en las cosas viejas; en Palenke y Utatlán, en el indio legendario, y en el inca sensual y fino, y en el gran Moctezuma de la silla de oro. Lo demás es tuyo, demócrata Walt Whitman.) (11)

Sin romper completamente la continuidad, este párrafo se relaciona con el resto del texto al continuar con la retórica de alternancias de la anáfora cultural, salvo que aquí sigue, en rasgos muy generales, las ideas que Rodó utilizara en *Ariel* con respecto a la diferencia entre lo latino y lo no latino. Por otro lado, constituye un enfrentamiento entre la tradición y la modernidad. La "poesía" a la que se refiere Darío está identificada, de una u otra forma, por alusiones a las "cosas viejas" de América. Las alusiones a Palenke y Utatlán de las que se sirve Darío establecen una "tradición" diferente, que contrasta con la modernidad republicana del párrafo anterior, y que aquí reaparece en la figura de Walt Whitman. Al implicar que lo no americano carece de poesía, Darío formula una definición por negación del concepto de poesía, y al mismo tiempo propone una definición alterna, emparentada con la idea de tradición, pero relacionada con América y su iconografía. Por esta razón, y animado por un espíritu contestatario, Darío no recurre a las imágenes europeas (no hay mención de ninfas ni centauros) ni glorifica la conquista de América (los aventureros españoles tampoco son mencionados), sino que se vale de figuras americanas, que han pasado a formar parte del inventario cultural europeo.

Sin embargo, el "indio legendario" que corresponde a la imagen del "buen salvaje" también pertenece a lo exótico y lejano que favorecía Darío, según su propio texto. Por esta razón, las menciones del "inca sensual y fino, y [...] el gran Moctezuma de la silla de oro" complementan el efecto de exotismo y autoapropiación (o reacentuación). Llevado por su afán de crear contrastes, Darío atribuye a estas imágenes cualidades provenientes de las culturas que ha conocido a través de otras literaturas.[8] Esta idealización explica la aparición del indio envuelto en leyenda, el inca matizado con sensualidad y fineza, y Moctezuma, cuya opulencia (representada por la "silla de oro") merece tanta atención como la corte de Halagabal.[9] Estas alusiones contrastan con las de Martí, donde el indígena, el negro y el campesino aparecen contextualizados por la modernidad, y sujetos, por lo tanto, a un poder monolítico y centralizado: el de la "metrópolis desdeñosa".

La presentación de estas figuras referenciales por parte de Darío recuerda el uso del "clavicordio pompadour" de los párrafos iniciales de las "Palabras...". En ambos casos, la visión del pasado presenta una imagen idealizada, y su reelaboración forma parte del proceso de creación de símbolos mediante el cual Darío, así como otros modernistas, forja un sistema gramatológico hispanoamericano destinado a enfrentar la crisis cultural del continente, contrarrestar el discurso hegemónico del centro, compartir el poder y convalidar así su producción cultural.

La idea de incorporación, que reverbera a lo largo de las "Palabras liminares", es ampliada por el par de oraciones subsiguientes. La primera, "Buenos Aires; Cosmópolis" (*Profanas* 11) reafirma la oposición entre centro y margen, al mismo tiempo que propone la universalización y contemporaneidad a la que, según Paz, aspiraban

---

[8] Entre los escritores cuya obra admiraba Darío está Théophile Gautier, autor de relatos fantásticos. En "Le pied de momie" Gautier se apropia de elementos egipcios para crear una atmósfera exótica: una momia acude a rescatar su pie, vendido al autor por un anticuario. El relato "Le chevalier double", ambientado en un país nórdico durante la Edad Media, retoma la historia de una princesa en espera de un caballero que la rescate.

[9] Las apropiaciones que conducen a idealizaciones de esta naturaleza se pueden encontrar en textos precedentes, como por ejemplo las obras teatrales de Lope de Vega y Jean-Jacques Rousseau sobre el descubrimiento de América, cuyo retrato de los indígenas es una transposición directa de las características culturales europeas. El célebre ensayo de Michel de Montaigne sobre los caníbales constituye una excepción a la regla, aunque los mecanismos de los que se vale el autor francés no sean muy diferentes de los que se han discutido hasta ahora en este trabajo.

los modernistas. Buenos Aires es el punto de partida para la creación de una nueva metrópolis, en la que tengan cabida tanto lo europeo como lo americano. Aunque la oposición se presente como espacio-temporal, es más bien de naturaleza cultural, pues implica la posibilidad de establecer un punto de partida, una fundación o un objetivo final de la modernidad. La oración que le sigue: "¡Y mañana!" (11) confirma la idea de futuro, de la modernidad como meta. El mañana dariano es, obviamente, el futuro en que la Cosmópolis americana exista en absoluta igualdad de condiciones con respecto a Londres, París y Madrid, como foco cultural.

Si bien las oraciones ya mencionadas reiteran, hasta cierto punto, la anáfora cultural, el párrafo que les sigue dentro del texto de las "Palabras liminares" muestra con mayor claridad las tensiones que surgen al colocar vocablos o términos de connotación cultural al recurrir a un discurso que subraya los contrastes. La tradición se enfrenta a la modernidad a través de una iconografía que podría caracterizarse como fundacional. Dentro de ella, Darío se coloca a sí mismo, por identificación, como autor consciente de su ex-centricidad, al lado de los escritores cuya ex-centricidad, como la de Remy de Gourmont, los sitúa fuera de la esfera de influencia de la tradición. Dentro de esta iconografía no sólo se enfrentan la tradición y la modernidad, sino las ideas de centro hegemónico y la creación de un centro alterno con materiales apropiados de la cultura hegemónica casi de la misma manera que Gautier, Baudelaire y Laforgue, por ejemplo, se apropiaron de elementos árabes, egipcios y orientales para crear una atmósfera exótica y un contraste exclusivo entre culturas y épocas dentro de sus textos.[10] A diferencia de este tipo de apropiación, la de Darío surge como referente cultural del cual partir a fin de construir un aparato cultural inclusivo, ecléctico y sincrético. Por esta razón, la iconografía que se encuentra en las "Palabras liminares" reestablece la dicotomía cultural hispanoamericana y articula una respuesta al centro o metrópolis. De esta suerte, el contraste proveniente de la alternancia de iconos da pie para afirmar que Darío busca una manera de reformular una identidad artística propia, aprovechando elementos transculturados, y opuestos al centro hegemónico:

---

[10] Ejemplos de apropiación de elementos culturales ajenos a los propios son varios de los relatos fantásticos de Gautier, los poemas de Baudelaire a su amante en *Les fleurs du mal*, y los relatos de Jules Laforgue contenidos en *Moralités Légendaires*.

> El abuelo español de barba blanca me señala una serie de retratos ilustres: "Este, me dice, es el gran don Miguel de Cervantes Saavedra, genio y manco; éste es Lope de Vega; éste, Garcilaso; éste, Quintana". Yo le pregunto por el noble Gracián, por Teresa la Santa, por el bravo Góngora y el más fuerte de todos, don Francisco de Quevedo y Villegas. Después exclamo: "¡Shakespeare! ¡Dante! ¡Hugo...! (Y en mi interior: ¡Verlaine...!)
> Luego, al despedirme: "Abuelo, preciso es decíroslo: mi esposa es de mi tierra; mi querida, de París". (11)

En este párrafo, que Darío sitúa hacia el final de sus "Palabras...", entra en juego una serie de problemas. Uno de ellos es la imagen del artista frente al Arte, que simboliza la situación del sujeto colonial frente al centro; otro es la respuesta al centro hegemónico y la propuesta de un centro alterno; y por último, la desacralización de la tradición que se da en el momento en que el artista, sujeto a la tradición ("El abuelo español"), se rebela y erige sus propios modelos ("¡Shakespeare! ¡Dante! ¡Hugo...!") sin que esto le exima de reiterar su doble identidad cultural (y la de Hispanoamérica) al confesar: "'mi esposa es de mi tierra; mi querida, de París'". Se encuentra en esta sección un rasgo significativo: la alternancia de imágenes que evocan el Arte, el centro y la tradición artística europea, con subversiones que propugnan la creación de una tradición nueva y alternativa. Esta alternancia se manifiesta en los iconos y nombres cuya connotación aprovecha Darío para plantear una situación de tensión. De este modo, mientras el abuelo español, "de barba blanca", recita las glorias del imperio español y los nombres de sus grandes exponentes literarios, Darío replica con nombres que no forman parte de este canon. Así, Santa Teresa de Jesús, Góngora y "el más fuerte de todos", severo crítico de su época, "don Francisco de Quevedo y Villegas" se convierten en los modelos que, junto con Shakespeare, Dante y Victor Hugo, completan su respuesta y cuestionan la autoridad cultural imperial. Al añadir el nombre de Verlaine, como contemporáneo, el canon contestatario de Darío adquiere la universalidad y modernidad necesarias para la creación de una cosmópolis alterna.

Con respecto a la última oración del párrafo, Darío, en su tono fundacional, establece sus relaciones con respecto a la cultura al reiterar la anáfora en términos de relaciones humanas. "Mi esposa es de mi tierra" retorna a la idea de la herencia americana y el pasado adquirido. La mención de "mi querida, de París" reafirma el "derecho" a ser europeos al que se refería Bolívar en su discurso de 1819, y confirma la elección de una nueva fuente de ingreso cultural, como nota Pérus (67). El artista, al enfrentarse a la tradición, elige el arte como meta, y por ello extiende el alcance del canon tradicional impuesto por el centro a fin de incluir a Inglaterra (Shakespeare), Francia (Hugo y Verlaine) e Italia (Dante).

Además de lo anterior, la metaforización de la cultura como mujer, y las relaciones que Darío establece entre su propio trasfondo cultural y el europeo, muestran la vertiente fundacional a la que se refiere Sommer al escribir que la mujer, como figura, se convierte en receptáculo de intenciones, motivos y significaciones (258).[11] Asimismo, esta caracterización femenina se presenta como un aspecto discursivo propio de las literaturas postcoloniales: la alegoría (Ashcroft et al. 28). En este caso particular, la alegoría dariana es una "respuesta" que desacraliza la convención social del matrimonio (una convención heredada) en nombre del arte y su realización como expresión personal (meta elegida), que ya antes ha declarado su fin supremo en su frase "mi literatura es *mía* en mí". Al hablar de la esposa de su tierra, Darío indica su propia conciencia como hispanoamericano, y alude, si bien tangencialmente, a la tradición heredada de Hispanoamérica. A la vez, "la querida de París" refleja una elección consciente, e implica la selección de una tradición, o bien la creación de una nueva tradición basada en los aportes provenientes del "París" dariano.

Los aspectos particulares de creación y escritura aparecen plasmados en el párrafo que se refiere a los aspectos "técnicos" de la literatura, los principios de la estética acrática. Al recurrir a un discurso metaliterario, Darío se refiere no sólo a la forja de su nuevo estilo sino al espíritu que anima la gramatología hispanoamericana de la que forma parte. Las formulaciones darianas con respecto a la "estética acrática", el concepto de poesía asociado con América y la gloria precolombina, y la noción de universalidad consecuente con modernidad forman parte vital de la obra dariana, no sólo como *Leitmotifs* sino como bases gramatológicas que definen el estilo con

---

[11] "[The woman] by contrast, is not an extended figure but a displaced one, the result of a metaphoric move that has substituted mother for an ideal terrain [...]. As the inanimate motherland, woman's very identity depends on him, because the feminine *patria* literally means belonging to the father" (Sommer 258).

que se propone responder al Centro. Si bien Darío utiliza términos tradicionales como "métrica" y "verso", la solución que propone como base para evitar discursos imitativos es plantear la idea del "alma de las palabras". Una vez establecido este principio, las cuestiones metaliterarias (en este caso también gramatológicas) quedan zanjadas al abrir una nueva posibilidad; no se trata de afiliarse a un estilo particular de versificación que excluya los demás. Se trata de abrir todas las posibilidades expresivas, considerando la capacidad connotativa y musical del lenguaje:

> ¿Y la cuestión métrica? ¿Y el ritmo?
> Como cada palabra tiene un alma, hay en cada verso, además de la armonía verbal, una melodía ideal. La música es sólo de la idea, muchas veces. (*Profanas* 11)

El alma de las palabras y la conciencia de la lengua funcionan conjuntamente, a fin de crear un *corpus* expresivo basado en "la idea". La distancia que Darío establece aquí entre la capacidad expresiva del lenguaje y el logro de la "melodía ideal" es semejante a la que abre entre el artista y el arte mismo, lo cual lleva a la situación análoga que se da entre sujeto colonial y centro hegemónico. Sin embargo, a diferencia de las polarizaciones anteriores, Darío concede que la brecha entre lengua y musicalidad ideal es posible, siempre y cuando se considere que el "alma" de las palabras es como la música, y como tal, "sólo de la idea, muchas veces". Esta "melodía ideal" es alcanzable, y por eso continúa con una exhortación en el párrafo siguiente:

> La gritería de trescientas ocas no te impedirá, Silvano, tocar tu encantadora flauta, con tal de que tu amigo el ruiseñor esté contento de tu melodía. Cuando él no esté para escucharte, cierra los ojos y toca para los habitantes de tu reino interior. ¡Oh, pueblo de desnudas ninfas, de rosadas reinas, de amorosas diosas!
> Cae a tus pies una rosa, otra rosa, otra rosa.
> ¡Y besos! (12)

Aprovechando de nuevo las alusiones culturales, Darío, aunque no establezca tensiones discursivas en este fragmento en especial, presenta lo que se podría denominar una agenda gramatológica que insiste en el principio de creación. Al recurrir a la historia de los gansos capitolinos, que alertaron a Roma ante la inminente invasión de los galos (Tito Livio, Capítulo 5, parágrafo 47, línea 4), Darío crea un símil entre la creatividad del artista rodeado por el tipo de individuos a los que Remy de Gourmont se refiriera como *celui-qui-ne-comprend-pas*. Sean estos críticos, autoridades autoproclamadas o académicos, el artista, Silvano o habitante de los bosques, debe continuar componiendo aunque sea para unos pocos y, en último caso, para sí mismo ("los habitantes" del "reino interior"). La recompensa de sus esfuerzos es el gozo mismo de la creación, la *jouissance* (Barthes, *Plaisir* 11) que Darío formula en términos sensuales al final del párrafo.

Esta reiteración de la marginalidad, enmascarada como alusión clásica, es un ataque sutil contra la burguesía que se opone a "la melodía ideal". La evocación de la fracasada invasión gala sirve de modelo para presentar la confrontación entre público y artista, e ilustra al mismo tiempo la posición del artista frente al centro. Las "trescientas ocas", que son tanto el público como un icono del centro, no deben detener al creador, el "Silvano" que vive en los bosques dedicado a su Arte. La ejecución del arte se justifica por sí misma aun si sólo el ruiseñor, elemento del *locus amœnus* (Curtius 196), se presenta como público comprensivo para el poeta. Por esa razón, el artista persiste en sus esfuerzos aunque sea para una audiencia imaginaria: la de su propio "reino interior".

En este caso, debe notarse que las figuras que Darío elige para presentar la situación del artista con respecto a "los-que-no-comprenden" tienen una significación que refuerza la respuesta dariana. Los gansos capitolinos, por su papel como salvadores, protegen e instituyen la nación–la romana en este caso. La actitud de Silvano, una deidad de los bosques a la que no se le rinden honores (Ovidio. *Metamorfosis*, libro I, versos 193 y ss.), coincide con la del artista soñador, el sujeto marginalizado que puede ignorar la llamada cívica de los gansos protectores de la nación, para trabajar en su propia creación y en su propio mundo alterno.

Otras asociaciones ulteriores de Silvano refuerzan la imagen del artista dariano, pues, como deidad, Silvano se relaciona con la llamada edad de oro del mito romano (*Metamorfosis*, libro I, versos 89-150), durante la cual no había leyes ni guerra, y el mundo se gobernaba por sí mismo, siguiendo una armonía natural. La relación entre las figuras de Silvano y los gansos ilustra el contraste entre la edad de oro y su armonía, y la edad en que surgen la guerra y el estado. De igual manera, la actitud de la criatura silvestre refleja la oposición entre el margen y el centro, codificada como la difícil relación entre el artista y su arte, y la irreconciliabilidad entre la armonía natural y el orden artificial e impuesto que representa un gobierno.

El esfuerzo supremo de Silvano, dios menor y artista, por crear obras de arte sin propósito práctico, como resabio de una armonía perdida en el pasado, se vincula, hasta cierto punto, con la estética de Walter Pater y el principio del "arte por el arte", según la cual la creación artística es una actividad cuya recompensa reside en el placer de su ejecución. Tal como escribió Pater en *The Renaissance*, el rescate de una existencia sin sentido proviene del arte, y sólo su ejecución provee un nuevo sentido a la vida.

> Great passions may give us [a] quickened sense of life, ecstasy and sorrow of love, the various forms of enthusiastic activity, disinterested or otherwise, which come naturally to many of us. Only be sure it is passion–that it does yield you this fruit of a quickened, multiplied consciousness. Of such wisdom, the poetic passion, the desire of beauty, the love of art for its own sake, has most. For art comes to you proposing frankly to give nothing but the highest quality to your moments as they pass, and simply for those moments' sake. (Pater 198-199)

La constancia del artista por ser comprendido aunque sea por un ruiseñor se refleja en la situación del sujeto colonial, cuya marginalización significa la imposibilidad de incorporarse dentro del centro hegemónico. Asimismo, la propuesta dariana de crear coincide con la de Martí: construir lo propio, producir un *corpus* nuevo, una gramatología del margen y la experiencia de la marginalidad. Darío resuelve la confrontación entre centro y margen resultante de esta tarea de creación al invocar el valor del arte como motivo, voluntad y razón. El arte es donde tanto el centro como margen se encuentran, y por esa razón ofrece posibilidades prometedoras como medio de incorporación cultural.

Sin embargo, los textos darianos, aparte de reflejar la estética de Pater, no están exentos de connotaciones y cuestionamientos políticos. Por esta razón las alusiones culturales y tensiones semánticas no indican un intento de asimilación, sino la afirmación de una identidad propia, diferente a la del centro. A fin de llevar a cabo este proyecto de autoafirmación, Darío sigue la agenda martiana de "crear". De este modo, este párrafo particular de las "Palabras..." se constituye como una convocatoria para continuar la agenda creacional martiana, al mismo tiempo que se presenta como un sutil acto de subversión dentro del sistema cultural que maneja Darío. La subversión o desacralización, que es parte de la autoafirmación, coloca a las "desnudas ninfas, rosadas reinas,... amorosas diosas" dentro del "reino interior" del Silvano–Artista o sujeto colonial–a pesar de que todos estos seres son, dentro de las jerarquías mitológicas, superiores al Silvano mismo. Esta erotización de la mente, la sensualidad o carnalidad con que Darío termina el párrafo, sugiere el mismo erotismo que apareciera en la desacralización de los símbolos religiosos en los párrafos anteriores, y relaciona directamente al Silvano artista con el "creador" del último párrafo: "Y la primera ley, creador: crear. Bufe el eunuco. Cuando una musa te dé un hijo, queden las otras ocho encinta" (*Profanas* 12).

En una sola oración, Darío reitera el principio martiano sin recurrir a la anáfora cultural: la causa hispanoamericana aparece claramente explicada en un código inequívocamente artístico, aunque no deja de ser alterado por la actitud desacralizadora: el "creador" procrea hijos con "las musas" para furia o envidia del eunuco. Los términos en que Darío plantea su exhortación, abiertamente eróticos, reiteran su llamado ya citado al recurrir a alusiones provenientes de la misma tradición grecorromana: las "trescientas ocas", el Silvano, las "ninfas" y "diosas" que junto con las "musas" se convierten en objeto de deseo y conquista, y metáforas que igualan la producción artística con la procreación, proponiendo de este modo una analogía en la que la obra de arte equivale a un descendiente, con igual valor e idénticas prerrogativas. Al igualar de esta forma el acto de creación artística con la procreación, Darío continúa con la sacralización del Arte, que concibe como el medio dentro del cual la presencia de Hispanoamérica puede crear la "Cosmópolis" que desea para el continente.

En las "Palabras liminares" Darío hace evidente su preocupación americanista, así como su intención de definirse como artista. Al establecer un discurso que evade confrontaciones y maneja oposiciones, Darío se enfrenta a la anáfora cultural con un discurso subversor que, a la vez, utiliza los elementos del centro en la creación de un sistema gramatológico hispanoamericano. Pese a que los signos de este sistema son de ascendencia simbolista, Darío y los modernistas que le siguieron aprovecharon la carga connotativa de estos elementos y los adoptaron como parte de su propio inventario simbólico. Aunque su intención sea todavía motivo de discusión, y se den polémicas con respecto a si su meta era una incorporación en el centro cultural o, por lo contrario, un esfuerzo de separación y legitimización, el hecho es que el *corpus* modernista creó un nuevo canon literario al abrir las posibilidades de creación de una identidad propia para Hispanoamérica.

Puede aducirse, por lo tanto, que mediante la transculturación y recodificación de signos, los autores hispanoamericanos respondieron al centro cultural hegemónico con un discurso de definición propio y basado en categorías del centro cultural. Sus esfuerzos por establecer una diferencia entre ambos provienen de preocupaciones y problemas muy distintos, relacionados con la situación cultural hispanoamericana, la tradición que les tocó heredar, y su necesidad de establecer el *ethos* cultural hispanoamericano. Al llegar a este punto, su preocupación se expresa en un discurso que hace énfasis en las tensiones creadas por la yuxtaposición de elementos americanos y europeos, con énfasis en la situación sociopolítica del continente.

Las tensiones de tipo cultural a las que recurrieron los modernistas, y en especial Darío, se pueden caracterizar como el espacio de *diferencia* en el que lo americano y lo europeo se enfrentan y autodefinen. En el ámbito del artista y el Arte, las tensiones pasan a representar problemas más inmediatos que el ansia de perfección, como lo es el cambio de las relaciones entre el sujeto colonial y el centro hegemónico. Así, el espacio de tensiones en el que se dan las oposiciones y contrastes va más allá de ser un rasgo de estilo, pues representa una conciencia cultural en proceso de emergencia que, a su vez, impulsa la creación de un centro alterno para la cultura emergente.

Dentro de las "Palabras liminares" Darío presenta un inventario representativo de estos rasgos, que revelan, mediante un código innovador, las tensiones ocultas tras la anáfora cultural. Al seguir la exhortación a crear que Martí planteara en "Nuestra América", Darío exploró las tensiones existentes a nivel político y cultural y las supo convertir en una renovación literaria que contribuyó significativamente en el proceso de elaboración de la gramatología hispanoamericana como respuesta al centro hegemónico.[12] Tal como Darío escribiera antes de la publicación de sus propias "Palabras liminares", su objetivo era crear una literatura nueva, suya en él y en Hispanoamérica, y para ello se proponía

> [j]untar la grandeza o los esplendores de una idea en el cerco burilado de una buena combinación de letras; lograr no escribir como los papagayos hablan, sino hablar como las águilas callan; tener luz y color en un engarce, aprisionar el secreto de la música en la trampa de plata de la retórica, hacer rosas artificiales que huelen a primavera, he ahí el misterio. (*OD* 170)

---

[12] Esta construcción de una literatura, y con ella una cultura, no es atributo exclusivo del modernismo ni misión de Darío. Sin embargo, la conciencia de su necesidad se acentuó durante el modernismo y por ello sus autores adoptaron una agenda abiertamente contestataria, y se apropiaron los códigos e íconos del centro para reacentuarlos. Al respecto vale recordar que, como señala Ángel Rama, durante el siglo XIX la literatura hispanoamericana refleja "un esfuerzo obsesivo de autonomía" (*Darío* 20).

Capítulo III

HACIA UNA TEORÍA DE LA NARRATIVA DARIANA: LA PARODIA COMO DISCURSO IDENTITARIO

1. Hacia una forma nacional en la modernidad

CON respecto a las circunstancias culturales del modernismo, podemos aventurar la idea de que la búsqueda de una forma, estimulada por una tradición cultural de subversión y rupturas, llevó a la creación de una estética igualmente disruptiva e independiente, que conjugaba valores aparentemente opuestos, pertenecientes al humanismo y al positivismo. Esta estética, que reúne las características de un discurso dividido, subversor y expresivo a la vez, sólo encontró una realización total en el discurso paródico, que encarna tanto las tensiones y esfuerzos culturales de Hispanoamérica, como la búsqueda de sus autores por hallar una "forma nacional". De este modo, nos es posible formular, como premisa, de trabajo, la noción de que el discurso paródico es el vehículo ideal para una respuesta cultural como la que representan las obras modernistas de Darío.

En torno a la búsqueda de un molde expresivo identitario, cabe recordar que, según afirma Timothy Brennan (49), durante el siglo XIX las comunidades geopolíticas y culturales se lanzaron, como Darío, en busca de "una forma que encontrara su estilo". Esta situación se dio porque, como señala Brennan, las naciones son creaciones imaginarias cuya existencia depende de un conjunto de elementos de narrativa cultural, en el cual la literatura tiene un papel decisivo.[1] De

---

[1] "Nations are imaginary constructs that depend for their existence on an apparatus of cultural fictions in which imaginative literature plays a decisive role" (Brennan 49).

hecho, la búsqueda de la forma explica la importancia que adquirió el modernismo en el proceso de creación de una identidad artística, reflejada en una gramatología propia. Es por esta razón que los modernistas se dedicaron, según Juan Larrea, al "establecimiento de una cultura nueva en el continente americano, que fuera la realización de promesas acumuladas sobre la humanidad en épocas pasadas" (28).

Ahora bien, aunque la mayoría de los autores modernistas se expresó a través de la poesía, su producción en prosa también participa de la distintiva agenda del modernismo, cuyos rasgos fueran señalados por Darío en sus "Palabras liminares": la creencia en la necesidad de una literatura propia, representativa de la problemática del individuo como creador y forjador de una estética moderna y, por lo tanto, rebelde ante la tradición. Esta misma intención aparece en la producción de Darío, quien, llevado por su agenda de creación, se dedicó a la apropiación y reacentuación de formas narrativas europeas. De este modo, y valiéndose del discurso de la parodia, Darío reformuló las convenciones literarias practicadas por la cultura hegemónica, para insertar los resultados de su transculturación literaria en su respuesta cultural. Merced a estas circunstancias la narrativa modernista emerge como un fenómeno cultural que encarna y refuerza el espíritu cuestionador de la transculturación, y contribuye para establecer una tradición alterna y un pasado utilizable. Así pues, pese a recibir relativamente poca atención en comparación con la poesía, la narrativa modernista encarna la sistemática ruptura de tradiciones que se da en la literatura hispanoamericana, y demuestra, además, el desplazamiento de los modernistas del arte representativo, basado en referentes reales, a uno moderno que propone una realidad autónoma basada en el uso de un pasado idealizado y utilizable. Las fuentes de este arte nuevo tienen su raíz en las tendencias revolucionarias propias de la cultura hispanoamericana, pues la han moldeado desde sus orígenes.

El desplazamiento del arte imitativo a otro más bien interpretativo se relaciona con la naturaleza de la cultura y la literatura hispanoamericanas y su constante búsqueda de una forma nacional. Al llegar a este punto vemos en acción el fenómeno que Emir Rodríguez Monegal denomina "la tradición de la ruptura", que consiste en una reiteración historiográfica de momentos de rebelión, cuyo fin es establecer a su vez una nueva tradición que será luego destronada y sustituida por otra. El seguimiento de esta "tradición" dio lugar a los procesos que han producido cambios significativos en el panorama literario de América Latina, según escribe Rodríguez Monegal. Al analizar los ciclos de ruptura y reestablecimiento de una tradición en la literatura latinoamericana del siglo XX se observarán tres momentos de ruptura: el primero ocurrió hacia la década de 1920, con el surgimiento de las vanguardias y el alejamiento del modernismo; el segundo ocurrió alrededor de 1940, como una reacción ante la Segunda Guerra Mundial y la Guerra Civil española.[2] Finalmente, hacia 1960, se dio la tercera ruptura y renovación a raíz de la revolución cubana ("Tradición" 140-142), que coincidió con el llamado "boom" latinoamericano.

El modernismo tiene un lugar prominente en esta periodización, pues Rodríguez Monegal lo introduce dentro del patrón de ciclos de 20 años propuesto en su ensayo como otro momento de ruptura:

> El Modernismo [...] aparece asimismo en las letras hispanoamericanas como una ruptura contra los epígonos del Romanticismo, ruptura que tiene toda la virulencia de lo nuevo [...] pero que al mismo tiempo no hace sino instaurar una nueva instancia de esa tradición que el propio Romanticismo, en otra generación, había contribuido a fundar. (143-144)

El anhelo de renovación, vigente aun antes del modernismo es parte de la búsqueda de una forma nacional, y constituye una especie de *Leitmotiv* cultural a lo largo de la historia literaria latinoamericana. Por esa razón no nos debe extrañar que José Donoso, en su *Historia personal del "boom"*, se refiera a la importancia de la formulación de una tradición literaria mediante un discurso "internacional", cuestionador y subvertor de lo hegemónico, que adopta una actitud beligerante, contestataria y reivindicadora contra una tradición esclavizante (19-24). Sobre esta base, continúa Donoso, los autores latinoamericanos crearon una literatura que reflejaba su aguda conciencia de los problemas económicos, sociales, políticos y culturales de América Latina (38-42). Sin embargo, el cambio de

---

[2] Indica Rodríguez Monegal: "Si la crisis de la vanguardia en la América hispánica de los años veinte fue, simultáneamente, una puesta al día de los *ismos* europeos y una liquidación apasionada del modernismo (Darío fue la víctima excesiva de su misma popularidad), también fue, y no hay que olvidarlo, una exploración confusa de ciertos valores básicos del arte literario [...]" ("Tradición" 140).

marea que significó el "boom" no fue un proceso interno de renovación y revitalización, pues recibió, como el mismo Donoso apunta, una influencia sustancial de otras literaturas, otras tradiciones y otras culturas:

> La novela hispanoamericana de hoy [...] se planteó desde el comienzo como un mestizaje, como un desconocimiento de la tradición hispanoamericana (en cuanto a hispana y a americana), y arranca casi totalmente de otras fuentes literarias ya que nuestra sensibilidad huérfana se dejó contagiar sin titubeos por norteamericanos, franceses, ingleses e italianos que nos parecían más "nuestros", mucho más "propios", que un Gallegos o un Güiraldes, por ejemplo, o que un Baroja. (20-21)

La pertinente observación de Donoso sobre la naturaleza cultural de la literatura hispanoamericana (la novela como mestizaje estilístico y confluencia de contribuciones foráneas) hace eco de la conciencia americana de Darío y sus contemporáneos, lo que nos permite ver en este proceso de constante renovación una analogía entre el "boom" y el modernismo. Esta analogía prueba que la "tradición de ruptura" es más que una constante historiográfica pues refleja un anhelo común de incorporación y validación, aunque esté expresado de maneras diferentes. Por ejemplo, mientras los autores del "boom" presentaron una obra políticamente contestataria y agresiva, los modernistas, igualmente contestatarios y contrahegemónicos, orientaron sus energías hacia la construcción de una tradición alterna, basada en el "pasado recibido". La misión de los escritores americanos e hispanoamericanos de principios de siglo frente a este tipo de exclusionismo era allanar los obstáculos impuestos por los individuos a los que Darío se refirió con sorna como "la mayoría pensante", los que no comprenden, que son "entre nosotros, profesor, académico correspondiente de la Real Academia Española, periodista, abogado, poeta, *rastaquoère*" (*Profanas* 9). La situación análoga que enfrentaban los intelectuales (no los profesores universitarios) en Estados Unidos cristalizó en esta exhortación de Van Wyck Brooks:

> Discover, invent a usable past we certainly can, and that is what a vital criticism always does [...]. The past is an inexhaustible storehouse of apt attitudes and adaptable ideals; it opens of itself at the touch of desire; it yields up, now this treasure, now that, to

anyone who comes to it armed with a capacity for personal choices. If then, we cannot use the past our professors offer us, is there any reason why we should not create others of our own? But why should not the creative mind dispel that shadow with shafts of light? (169)

Cabe recordar que la alusión a la "mente creativa" se repite en las palabras de Brennan sobre la importancia de la "literatura imaginativa" en el desarrollo cultural de una nación. La relación se encuentra, precisamente, en el uso y aprovechamiento que "las mentes creativas" hacen del "pasado utilizable" para crear el "aparato de ficciones culturales" al que se refiere Brennan (49). En el caso de los autores latinoamericanos, el pasado, un fantasma moldeable, se convirtió en una fuente que todos, y Darío entre ellos, lo usaron con un objetivo común (fuera consciencente o no): presentar América Latina a través de una gramatología o *corpus* textual propio. En una época en la que era programático escribir de lo "propio", y que había visto en el romanticismo el origen de la literatura costumbrista, así como la coexistencia del realismo, el naturalismo y las obras "fundacionales", Darío se presentó con un proyecto de integración cultural basado en la modernidad.[3] La simultaneidad y posibilidad de reunir pasado y presente, el aquí y el allá, diferencias y similitudes, se manifiesta particularmente en el discurso literario modernista, que intenta complacer a dos amos a la vez: el primero es "la ciudad letrada" que, según Rama, "conserva férreamente la conducción intelectual y artística,... instrumenta el sistema educativo, [y] establece el Parnaso de acuerdo a sus valores culturales" (*Transculturación* 65), y el otro, el centro hegemónico. Se trata de un encuentro entre la "cultura interna" a que alude Rama, y la "ciudad desdeñosa" mencionada por Martí en "Nuestra América", cuyo resultado se convierte en parte integrante de su identidad de ambas entidades. El "pasado recibido", resultado de estas negociaciones, adquiere rasgos nuevos, provenientes de las categorías culturales ajenas, y se transforma en imagen deseada, es decir, en un "pasado utilizable". De esta manera el efecto de la transculturación trasciende lo circunstancial y se incorpora en la cultura resultante del desplazamiento; en

---

[3] Recuérdese la aparición simultánea de obras tan disímiles como las de Augusto D'Halmar y Alberto Blest Gana, naturalistas chilenos, cercanas a la publicación de *Lucía Jeréz* de Martí, y no muy lejanas de *Sin rumbo*, de Eugenio Cambaceres, *La charca*, de Manuel Zeno Gandía, y *Cecilia Valdéz*, de Cirilo Villaverde.

otras palabras, da lugar a una cultura sincrética, siempre participante de rasgos adquiridos y otros inherentes.

Así pues, la apropiación cultural contribuye significativamente en el surgimiento de la cultura y literatura latinoamericanas pues se apoya, entre otras cosas, en la adopción y uso de formas retóricas tradicionales del centro, como son la fábula y el relato.[4] Al recrear y utilizar estos géneros, los autores latinoamericanos no sólo hacían gala de su competencia lingüística sino también, subvertían las formas del discurso hegemónico, e instauraban un discurso alternativo, basado en un "pasado creado" para provecho cultural propio. El uso o manipulación del discurso, sin embargo, no era una misión exclusivamente político-cultural, sino un desafío de y ante la lengua común: el español. La respuesta al desafío, lejos de parecer un incendiario arrebato, venía envuelta en voluptuosidad y disfrute, en una pasión que sólo comprendían entonces los "artífices de la lengua", los que tenían la más absoluta conciencia del "alma" de las palabras y su poder al convertirse en símbolos. La lengua literaria cruza una especie de brecha antes de transformarse en texto literario; evoluciona del nivel de "una oralidad indiferenciada" al de un "lenguaje nutritivo". Esta mutación, matizada por los diferentes procesos de transculturación, viene a confirmar la afirmación de Barthes:

> Ecrivant son texte, le scripteur prend un langage de nourrisson: impératif, automatique, inaffectueux, petite debâcle de clics [...]: ce sont les mouvements d'une succion sans objet, d'une oralité indifférencié, coupée de celle que produit les plaisirs de la gastrosophie et du langage. (*Plaisir* 11-12)

La adopción de un lenguaje "nutritivo" proviene de la "necesidad de escribir", de decir "algo" y crear un sistema cuya experien-

---

[4] El uso del término "relato", de por sí ambiguo, se debe a que, en el contexto de este trabajo, los géneros mencionados se estudian considerando su relación con el discurso paródico. Como se verá, tanto la fábula como la alegoría encuentran contrapartes en la narrativa modernista, firmemente basadas en la idea que explica el discurso paródico como reacción subvertora, no como alarde estilístico. Considerando el tipo de narraciones que los modernistas, y en particular Darío, "parodiaron" (es decir, reprodujeron y transculturaron, como se verá en las secciones siguientes), el término "relato" es la traducción más cercana del vocablo francés *récit*, usado por autores como Villiers de L'Isle-Adam y Gautier para designar sus obras narrativas.

cia sea una fuente de placer, generadora de *jouissance*, pese a su naturaleza como negociación ante la anáfora cultural de América Latina. Los medios de negociación ante la anáfora cultural, como la apropiación y la transculturación, no están confinados al modernismo, pero las formulaciones que definen el discurso literario hispanoamericano emergen durante este período de ruptura. No sólo se trata de crear una voz o gramatología propia, basada en una tradición o pasado utilizable, sino de imprimir un sentido de identidad a la mezcla de elementos artísticos que, merced a la transculturación, confluyen en la prosa modernista. De esta manera la idea de modernidad y duplicidad propuesta por Barthes cristaliza como una realidad en el contexto de la evolución literaria y cultural de América Latina:

> [U]n moyen d'évaluer les œuvres de la modernité [...] viendrait de leur duplicité. Il faut entendre par là qu'elles ont toujours deux bords. Le bord subversif peut paraître privilegié parce qu'il est celui de la violence; mais ce n'est pas la violence qui impressione le plaisir; la destruction ne l'intéresse pas; ce qu'il veut, c'est le lieu d'une perte, c'est la faille, la coupure, la déflation, le *fading* qui saisit le sujet au cœur de la jouissance. La culture revient donc comme bord: sous n'importe quelle forme. (15)

Merece atención el énfasis que Barthes pone en la dualidad, y su efecto en la "fisura", "falla" o "cortadura" por la cual se filtra la "expresividad". Es notable la coincidencia de esta idea con la noción de un discurso de doble voz propuesta por Bakhtin [*double-voiced discourse*], que permite la expresión de la "conciencia" del narrador al mismo tiempo que abre la posibilidad de una relación dialógica con su cultura (*Poetics* 185, Morson 157-161). Sin embargo, en este caso Barthes parece proponer que la subversividad coexiste con la expresividad, aunque, claro está, dentro de una atmósfera de carnaval, de *jouissance*, proveniente de una revolución, descubrimiento y fundación de una voz alternativa, canalizada a través de las formas retóricas de la fábula y el relato. De hecho, la elección de estos moldes narrativos refleja la disposición (y aptitud) de "fabricar" un pasado utilizable, una tradición "útil", y expresa en la forma más adecuada la ruptura aludida por Rodríguez Monegal y Donoso, que caracteriza tanto al modernismo como al "boom" como empresas de autodefinición cultural.

2. LA MEMORIA Y LO FABRIL: LA NUEVA ESTÉTICA

Hasta este momento hemos visto un logro de la constante exploración en busca de la forma nacional: el discurso de doble voz, que sirve de vehículo expresivo al individuo y su momento histórico. Ahora bien, antes de considerar el código adoptado por esta expresión artística veremos el sistema ideológico que la sustenta, y la manera en que recibió tanto la influencia de la modernidad y sus presiones, como la de los elementos que la cultura hispanoamericana recogió de Europa. Para comenzar, debemos notar que la idea del discurso "de fisuras" o "de doble voz" se ve aplicada claramente en el ensayo de Baudelaire sobre Constantin Guys, titulado "Le peintre de la vie moderne" (1863). El concepto de modernidad que Baudelaire maneja en este texto se entrevé en los principios artísticos de Darío, particularmente en su definición del arte como "una armonía de caprichos" ("Dilucidaciones", *El canto errante)*, y se nota en el fenómeno descrito por Calinescu como la "conciencia del tiempo" (51), el *Zeitgeist* bajo el que se hallaban los artistas de la época.[5] Fuera modernidad o conciencia, esta situación (y reacción) representó un despertar y una respuesta al auge del positivismo (Schulman, *Modernismo* 39), y dio lugar a la forja del sistema modernista con imágenes convencionales reacentuadas. Las circunstancias que propician esta producción son la misma inestabilidad y transitoriedad, rasgos clave de la modernidad. Estos aspectos, según anota Baudelaire, no pueden eliminarse sin sacrificar la esencia misma del arte y reducirlo a un mero objeto:

> La modernité, c'est le transitoire, le fugitif, le contingent, la moitié de l'art, dont l'autre moitié est l'éternel et l'immuable [...]. [...] Cet élément transitoire, fugitif, dont les métamorphoses

---

[5] Necesario es aclarar que, en el caso de Darío, Baudelaire no representa una influencia formativa; es decir, Darío no adoptó estas teorías para modelar su obra. La coincidencia, y no otra circunstancia, lleva a esta cercanía ideológica y al discurso dividido tanto entre los autores "marginalizados" franceses, como entre los latinoamericanos marginales. Esta marginalidad los lleva a la experimentación en busca (o en forja) de una "tradición" propia; mientras Baudelaire y sus coetáneos se enfrentaron contra los pintores (y autores) académicos, Darío, como la mayoría de los modernistas, adoptó como causa la creación de una cultura hispanoamericana. Esta circunstancia, no influencia, explica la semejanza de los credos estéticos de Darío y Baudelaire.

> sont si fréquentes, vous n'avez pas le droit de le mépriser ou de vous en passer. En le supprimant, vous tombez forcément dans le vide d'une beauté abstraite et indéfinissable, comme celle de l'unique femme avant le premier péché. (150-151)

La modernidad—o bien lo inestable y transitorio, la experimentación continua, la exploración y explotación formal—como parte constitutiva del arte, da origen a una estética basada en dualidades platónicas, en oposición al positivismo imperante. Además, introduce el valor de la modernidad como *esencia* artística, contrapuesta a la naturaleza, innegablemente bella y de valor moral. Sobre estas premisas, Baudelaire desarrolla la superioridad de lo moderno mediante una apología de lo artificial (producto de la modernidad), al combinar la estética idealista y el concepto de producción (lo fabril):

> Passez en revue, analysez tout ce qui est naturel, toutes les actions et les désirs du pur homme naturel, vous ne trouverez rien que d'affreux. Tout ce qui est beau et noble est le résultat de la raison et du calcul. Le crime, dont l'animal humain a puisé le goût dans le ventre de sa mère, est originellement naturel. La vertu, au contraire, est *artificielle*, surnaturelle, puisqu'il a fallu, dans tous les temps et chez toutes les nations, des dieux et de prophètes pour l'enseigner à l'humanité animalisée, et que l'homme, *seul*, eût été impuissant à la découvrir. (180, énfasis original)

"La razón y el cálculo" vitales en la producción de la belleza complementan la base idealista de la modernidad con un rasgo de pragmatismo. Al orientar el sistema estético hacia la producción de objetos, Baudelaire abre una fisura en su concepción del arte: una propuesta bifacial como soporte de un arte cambiante. La producción aparece también como factor artístico, apoyado por la moral, pues es inherentemente superior y "sobrenatural". Al considerar la dualidad de este sistema se encuentra que la razón aludida por Baudelaire no es cartesiana, pues se trata del don creativo, la capacidad de trascender lo natural y transferir sus categorías a la moral y la vida en general. Al respecto, para reafirmar su posición a favor de la modernidad, Baudelaire añade: "Tout ce que je dis de la nature comme mauvaise conseillère en matière de morale, et de la raison comme véritable rédemptrice et réformatrice, peut être transporté dans l'ordre du beau" (180).

Al transportar la razón "redentora y reformadora" al dominio de lo bello, Baudelaire propone un principio importante dentro de la estética moderna: el arte "mnemónico". La memoria de lo bello, que es, a su vez, definido como "una promesa de felicidad" (137), independiza al arte de la realidad para hacer posible la re-producción de la belleza misma gracias al don creativo del artista. La misma noción que en 1863 Baudelaire denominaba "arte mnemónico" propugna una independencia de la memoria, y, al conceder poder a la facultad creativa, coincide con el principio en que se basa la "metafísica de la presencia" de Derrida, pues enfatiza la capacidad del arte para crear símbolos (presencias) y reacentuarlos de acuerdo con las necesidades del artista. El espectador, frente a una obra de arte, se convierte en su *traductor*, afirma Baudelaire; con esta metáfora se confirma la naturaleza "escribible" de los textos basados en la estética de lo transitorio, y su calidad como discurso dual, un puente entre la práctica y la teoría, o, si se quiere, entre una tradición conocida y otra emergente. Llevado por esta premisa, afirma: "[L]'imagination du spectateur, subissant à son tour cette mnémonique si despotique, voit avec netteté l'impression produite par les choses sur l'esprit [del artista]. Le spectateur est ici le traducteur d'une traduction toujours claire et enivrante" (155).

En el momento en que el espectador se convierte en traductor, como afirma Baudelaire, abandona el papel pasivo que le asigna el arte imitativo y se convierte en co-productor de una obra "escribible". Esta idea de la participación del espectador en la "producción" predica la importancia de lo fabril, rasgo de la modernidad tecnológica aludida por Calinescu (41), y se convierte en un elemento clave para la concepción del "arte mnemónico". Es más, esta noción del arte como objeto producido por la memoria se convierte en centro de una estética, especialmente al ser considerada como fuente creativa dentro del texto de Baudelaire, en particular al decir: "[L]a mémoire résurrectioniste, évocatrice, une mémoire qui dit à chaque chose: 'Lazare, lève-toi!'..." (157).

Ahora bien, la combinación de la memoria y lo fabril implica también la combinación de dos elementos muy distintos por su naturaleza: el positivismo y el individualismo. Así, cuando el arte moderno se yergue contra la reproducción abogada por el realismo y el naturalismo, postula su producto como resultado de un esfuerzo racional para crear o "evocar" presencias inexistentes, *irreales*, que cobran vida en el texto o el lienzo. El resultado es un producto estético híbrido, pues participa de los valores de la burguesía, aunque, al mismo tiempo, en virtud de su afiliación idealista, rechace su adopción. Esta estética, a diferencia del naturalismo y del realismo, tiene plena conciencia de su poder, y por ello se presenta como una ideología alternativa y subvertora, la única que contribuye a crear el "mundo paralelo" que, como apunta Schulman,

> terminó siendo para muchos [modernistas hispanoamericanos] la única realidad valedera. El mundo ideal modernista asumía visos de una realidad palpable, y, paradójicamente, carente de irrealidad [...]. La "evasión" modernista [...] afirmó los valores eternos de nuestra cultura con "palabras imperecederas". (*Modernismo* 40)

Esta nueva estética, híbrida tanto en terminos filosóficos como culturales, le confiere un valor particular al lenguaje. Como se ha visto ya, como medio de creación y recreación de símbolos y signos, el lenguaje juega un papel clave en la reformulación cultural que representa el modernismo. Es más, en *Las entrañas del vacío*, ensayo coescrito con Ivan A. Schulman, Evelyn Picon Garfield llega a afirmar que el lenguaje es "la única arma" de la que se puede valer el escritor modernista (que es también moderno), y que como tal es usado por estos autores para describir su momento histórico. Además, añade Picon Garfield, en caso de que el lenguaje resulte inadecuado o insuficiente, siempre es posible adoptar símbolos ya existentes para expresar situaciones o emociones hasta entonces desconocidas (70). Mediante este uso o reacentuación de símbolos, el lenguaje cobra valor como medio de unión cultural. Al crear una obra artística que funciona en el lenguaje común de varias naciones, los modernistas iniciaron un proceso de respuesta a través de una especie de nominalismo político al que se refirió Brennan: establecer una "forma nacional" al mismo tiempo que se presenta la identidad cultural en conflicto con un centro dominante.[6]

De esta forma se manifestó la "tradición de la ruptura" en los albores de la modernidad. No sólo instauró una nueva tradición al rescatar el "pasado utilizable" y renovar la expresión literaria lati-

---

[6] "[T]he problem for the neocolonial writer has not only been to create the aura of national community eroded by the 'monopolization of cultural expression' in dominant culture, but to expose the excesses which the *a priori* state, chasing a national identity after the fact, has created at home" (Brennan 58).

noamericana, sino que también ejerció un considerable impacto al propiciar una toma de conciencia cultural. El discurso modernista, tan sincrético como la estética de la modernidad de Baudelaire, se perfila estable y firme, aunque no natural. De hecho, como una reiteración o eco de las ideas con respecto a lo artificial y la producción, los modernistas, y entre ellos Darío, volcaron sus esfuerzos, como anota Paz (*Cuadrivio* 12), en la "creación" de una realidad moderna y universal. Para alcanzar este fin, recurrieron a los mecanismos de relaciones interculturales mencionados por Rama (32-33), la transculturación y la apropiación, y sus obras, por lo tanto, no deben ser juzgadas únicamente como florilegios retóricos y escapistas, sino como declaraciones de autonomía. El hecho de que los sátiros, los gnomos, ninfas y otras figuras aparezcan en su obra no la desacredita por ser antiamericana, de la misma forma que el uso de elementos egipcios por parte de Gautier, y orientales por parte de Villiers de L'Isle-Adam no significa que sus relatos sean menos franceses. Son, en realidad, estrategias de respuesta que reflejan el virtuosismo literario y cultural de sus autores, y refrendan el éxito de sus esfuerzos como conciliadores, armonizadores y constructores de la "forma nacional".

3. LA PARODIA: CLAVE NARRATIVA DEL MODERNISMO

Al considerar las circunstancias que rodean el modernismo, como son la constante ruptura con la tradición propia de la cultura hispanoamericana, y los rasgos del discurso literario de la modernidad, que incluyen un discurso subversor y dividido, cabe preguntarse si existe un vehículo mejor que la parodia para conducir estos rasgos a una situación productiva. De hecho, ¿qué producto verbal refleja mejor que la parodia las circunstancias culturales del modernismo? La parodia representa una tradición de cuestionamiento, es, a la vez, subproducto de una manipulación formal, y, además, contiene el doble filo–subversivo y expresivo–del discurso de la modernidad. Al considerar su oportuna aparición, la utilidad de la parodia para reunir el presente en que vivían los modernistas con un "pasado utilizable" se hace evidente en los cuentos de Darío. Al igual que sus coetáneos modernistas, Darío perseguía "una forma que encontrara su estilo", no sólo personal sino también como autor hispanoamericano, y por ello recurrió al pasado utilizable que la modernidad le ofrecía. Así pues, procedió a explorar las múltiples posibilidades que le ofrecían no sólo el momento artístico e intelectual, sino los ejemplos literarios cuyo uso de la apropiación cultural le había impresionado. Paz describe esta exploración del pasado al observar que

> [l]a lejanía geográfica y la historia, el exotismo y el arcaísmo, tocados por la actualidad se funden en un presente instantáneo: se vuelven presencia. La inclinación de los modernistas por el pasado más remoto y las tierras más distantes–leyendas medievales y bizantinas, figuras de la América precolombina y de los Orientes que en esos años descubría o inventaba la sensibilidad europea–es una de las formas de su apetito de presente. (*Cuadrivio* 13).

La simultaneidad del presente y del pasado, y la coexistencia de lo propio y lo exótico se prestaban para que Darío experimentara con formas literarias y adoptara un discurso de carácter paródico. Esta denominación no implica necesariamente la escritura de parodias, en el sentido tradicional, pues el discurso paródico aquí aludido es de naturaleza desconstructiva. La parodia en este caso es, según afirma Linda Hutcheon, una recontextualización de las formas del pasado (34), una revisión o reevaluación que, en lugar de explotarlas, las explora, las redescubre, redefine y readapta. Así, las formas parodiadas se convierten en ideologemas, expresiones que van más allá de una imitación o pastiche. Como ha escrito Hutcheon:

> Parody has perhaps come to be a privileged mode of postmodern formal self reflexivity because its paradoxical incorporation of the past into its very structures often points to these ideological contexts somewhat more obviously, more didactically, than other forms. (35)

Dentro de este contexto, debe aclararse que el discurso paródico al que recurrió Darío puede definirse, de acuerdo con Hutcheon, como una reiteración, una resurrección de formas en desuso llevada a cabo con un ánimo crítico, mediante el cual es posible señalar las diferencias entre el nuevo uso y su referente, dentro de la misma similaridad. Paradójicamente, la parodia contribuye así no sólo a realizar un cambio sino también a mantener la continuidad cultural (Hutcheon 26), rasgo que permite libre tránsito entre las fronteras del centro y del margen. Además, el discurso paródico es autorreflexivo, y su conciencia como "parodia" lo obliga a ir más allá de sí mismo, pues también establece una relación con el lector al hacerlo consciente de que el texto que tiene ante sus ojos es una "repetición" o "resurrección" matizada, como añade Hutcheon, por su intencionalidad. Como corolario, cabe recordar las palabras de Hutcheon, que dice: "[t]o parody is not to destroy the past; in fact to parody is both to enshrine the past and to question it" (126).

Este tipo de discurso que constantemente recuerda al lector su naturaleza como producto, fue el que Barthes denominó "escribible" (S/Z 10), pues se trata del tipo de texto al que no se aplica la idea de "lectura" como consumo, sino como "interpretación" o "experiencia". Esta participación forzada del discurso paródico como texto lisible produce una conciencia particular en el lector con respecto al proceso creativo involucrado en la producción del texto, así como también subraya su autonomía, al mismo tiempo que señala sutilmente las fuentes en que se origina (i.e., el discurso parodiado, o la referencia original). A estas cualidades se refiere Hutcheon cuando afirma:

> [p]arodic self-reflexiveness paradoxically leads here to the possibility of a literature which, while asserting its modernist autonomy as art, also manages simultaneously to investigate its intricate and intimate relations with the social world in which it is written and read. (45)

La referencia al mundo social que hace Hutcheon en este punto señala la dualidad cultural hispanoamericana. Debido a su autorreflexividad y su condición como subproducto, la parodia reafirma la autonomía de la literatura al mismo tiempo que la vincula con el entorno que la rodea. De este nexo surge el aprovechamiento del "pasado utilizable" (que es una "creación" o "apropiación cultural) y la propia estética de la modernidad. Además, la autorreflexividad de la parodia (o su calidad metaliteraria) implica una actitud evaluativa del pasado y sus fuentes, así como de su propia manifestación discursiva y, como anota Hutcheon, observa el pasado tras un lente crítico y sin nostalgia.[7] Como resultado de estas circunstancias, la paro-

---

[7] "[T]he past is always placed critically–not nostalgically–in relation with the present" (Hutcheon 45).

dia se yergue como una especie de discurso redentor o reivindicador, si hemos de considerar las palabras de Hutcheon al respecto:

> Parody seems to offer a perspective on the present and the past, which allows an artist to speak *to* a discourse from *within* it, but without being totally recuperated by it. Parody appears to have become, for this reason, the mode of what I have called the "ex-centric," of those who are marginalized by a dominant ideology. (35, subrayado original)

Así pues, la parodia se convierte, en manos de Darío, en un medio de respuesta. Como vehículo de crítica, apunta al pasado como una especie de blanco simbólico, y, en el contexto que nos ocupa, proporciona las herramientas e ideas necesarias para la creación de una identidad nueva a través de un pasado utilizable. Estas reacciones prueban que la parodia como fuerza creativa en la obra de Darío se traduce en mecanismos de apropiación, y se conduce a la forja de moldes narrativos reformulados que derivan sus rasgos operativos de las convenciones de la fábula y los relatos ligeros conocidos como "cuentos parisienses" (91). La elección de estos géneros no responde al azar, sino que se debe a sus rasgos intrínsecos. Sobre la fábula, la tendencia moralista del género, así como la convención de convertirla en agente de elementos didácticos la convierte en un fácil blanco de parodia, pues nada es más esencialmente subversivo que un texto prescriptivo como la fábula, dedicado a la contravención de las convenciones que debería apoyar. Darío, al apropiarse de la fábula en sus relatos modernistas, la convierte en vehículo de sutil crítica de una serie de aspectos clave de la cultura finisecular. Sin embargo, al ampararse en las convenciones y discurso moralizante de la fábula, se las arregla para otorgarle una cierta legitimidad que no deja de ser paradójica.

El segundo género que Darío adopta y parodia es el cuento parisiense. Con respecto a este género, considerado como una contribución de Darío a los géneros narrativos de Hispanoamérica, Max Henríquez Ureña, en su *Breve historia del modernismo*, se detiene para mencionar que

> Darío se vanagloriaba de haber introducido en la literatura de habla española el *cuento parisiense*, del cual es muestra típica *El pájaro azul*, aunque no le van en zaga *La ninfa* y [...] *La muerte de la emperatriz de la China* [...]. (énfasis original, 91)

Este tipo de relatos llamados "cuentos parisienses" y mencionados por Henríquez Ureña fue delineado por E. K. Mapes como "composiciones cortas, de una fuerte tendencia erótica, cuyos personajes principales son jóvenes mundanos que viven en grandes ciudades y cuya acción tiene lugar en ambientes elegantes" (39).[8] De acuerdo con estos criterios, podemos considerar como tales las narraciones darianas cuyo eje es el arte, la vida de los artistas, y la sofisticada ambientación urbana. Ahora bien, a fin de evitar ambigüedades y para trazar claras fronteras entre las diferentes variedades discursivas que Darío adoptó en su nuevo canon, debemos adoptar el término "relato", más cercano en naturaleza y estilo a los *récits* que Darío parodia en trabajos como "En Chile" y "La ninfa", entre otros. Un rasgo común de estos relatos radica en la naturaleza de sus personajes: individuos marginados, cuyas vidas se alejan de la convencionalidad predicada por la burguesía, y se asemeja más a las novelas y melodramas que, por otro lado, son parte del imaginario cultural de la época. En otras palabras, los personajes de estos relatos actúan como personajes novelescos forzados a vivir en un ambiente que les es hostil.

Al igual que los textos franceses en que se basó Darío, los personajes de sus relatos comparten con otros su carácter antihegemónico, manifiesto en el hecho de que la acción se centra en personajes que se oponen a los valores de la burguesía, aunque no se opongan abiertamente al centro cultural. Lo más interesante de estos personajes es su aparente ambivalencia con respecto a la modernidad, además de su conciencia e insistencia en la producción. Por esta razón los personajes darianos conciben la vida y su arte como un sistema de producción alternativo que les permite *emitir* su propia respuesta. Este sistema, huelga decir, se basa en el modelo fabril mencionado por Jitrik (79-80), que viene a demostrar la influencia de la estética sincrética en la que se basa el modernismo. Si bien los artistas aparecen como seres socioeconómicamente marginados, Darío, al participar de la dualidad estética que combina pragmatismo con idealismo, les confiere un poder particular: el de la producción de obras de arte.

---

[8] Como anota Mapes al respecto: "*Azul* marque une innovation importante: l'introduction dans la littérature espagnole d'un genre répresenté surtout en France à cette époque par Catulle Mendès, Armand Silvestre et Mezeroy, c'est-à-dire le *conte parisien*. Ce terme n'est pas assez général cependant pour s'appliquer parfaitement aux différents types qui en sont nés. Ce sont des compositions courtes, d'une forte tendence érotique, dont les personnages principaux sont de jeunes mondaines des grandes villes et dont l'action se passe dans une ambiance élégante" (Mapes 39).

Este aspecto les permite a los artistas compensar la marginalización de la que son víctimas. Además, la adopción dariana de los modelos de "la vida bohemia" no refleja una idealización de París, sino la situación de dependencia en que se encuentra el sujeto colonial con respecto al centro. Frente a estas circunstancias, la respuesta dariana, según lo reflejan sus textos, equivale a una especie de "nivelación" o "equiparación" de circunstancias que se logra únicamente a través de la creación de un sistema de producción que actúe como "redentor" (o respuesta) del margen al centro hegemónico.

De esta suerte, al escribir relatos cuya acción está relacionada con centros urbanos y cuyos personajes comparten las preocupaciones estéticas y filosóficas de Gautier, Villiers de L'Isle-Adam y Huysmans, Darío presenta al arte como medio de hermandad, pues sus personajes comparten, con Verlaine, Wagner, Victor Hugo, los pintores de salón sobre los que escribe el mismo Baudelaire, la misma marginalización que los lleva hacia la formulación de un sistema alterno orientado hacia la producción de obras de arte.[9] Igual que con Remy de Gourmont en sus "Palabras liminares", Darío aprovecha la ex-centricidad o marginalidad de estos artistas para establecer un paralelo entre la marginalidad de los artistas del centro y la de otros que, como él, desean participar del centro pese a su marginalidad cultural y tiende un puente redentor al hacer un énfasis particular en la productividad de obras de arte, que a su vez, se convierten en bienes sujetos a leyes de oferta y demanda. Así, al unir su marginalidad y condición como *poète maudit*, Darío equipara las deplorables condiciones para la producción artística en América Latina con las de Europa, en su afán de crear una universalidad, una "Cosmópolis" que lleve a un centro alterno, o nuevo.

Sin embargo, además del arte como elemento unificador, los relatos darianos presentan un aspecto más en común: la experiencia de la marginalidad ya vista en la fábula surge también en el "cuento parisiense". Aunque los artistas que protagonizan las narraciones de Gautier, Huysmans y otros autores producen su obra dentro del centro hegemónico, todavía sufren de una marginalización, pues su actitud estética refleja una visión socio-política contraria a la del po-

---

[9] Además de utilizar en las "Palabras liminares" el nombre de Elegabal (hispanizado como Halagabal), proveniente del capítulo III de *A rebours,* la conocida novela de Huysmans, Darío firmaba sus "Mensajes de la Tarde" en *La Tribuna,* Buenos Aires, con el pseudónimo "Des Esseintes", apellido del personaje central de esa misma obra (*EI*, ix). Elagabal, Helagabal o Heliogábalo fue un emperador romano (218-222 D.C.), conocido por sus excesos y su fastuosa corte.

sitivismo imperante. El arte es evidencia del poder de producción de los marginados, pues sin su posibilidad para reacentuar íconos, transculturar elementos y establecer sistemas que señalen la importancia de las respuestas contrahegemónicas, no existe posibilidad de definir un inventario cultural que lleve hacia la creación de una identidad nacional.

El aspecto contestatario de los relatos darianos y su articulación del sistema productivo se relaciona con el proceso de transculturación formulado por Ortiz y citado por Rama. Por no ser absoluta sino selectiva, la transculturación, proceso de naturaleza contestataria, se orienta hacia la adopción de los rasgos culturales que cuestionan y subvierten su cultura original. Esto es decir que en lugar de adoptar los rasgos representativos, se adoptan los mecanismos de crítica y desconstrucción (*Transculturación* 39). De ahí que los relatos darianos, que habían sido considerados superficiales por algunos de sus contemporáneos, contengan "respuestas" contrahegemónicas codificadas en imágenes subversivas dentro del propio centro cultural, como la del artista frente al arte y la sociedad, y su capacidad de producción.[10]

En suma, podemos concluir que el discurso paródico adquiere un papel relevante en este momento histórico de la literatura hispanoamericana. De este modo, basándose en la noción que hoy llamamos parodia, Darío, llevado por su intención crítica, su deseo de construir un *corpus* literario latinoamericano y sus lecturas (tanto clásicas como contemporáneas), reelaboró las convenciones de la fábula y el relato, añadiéndoles de paso rasgos propios, como parte de su agenda de respuesta cultural. La estrategia de la que se vale Darío para establecer una voz y un discurso propios y representativos de América Latina es el constante uso de alternancias y tensiones que, a su vez, en sus contradicciones, refleja la influencia de la estética filosóficamente híbrida heredada de Baudelaire. Sin embargo, como indican Ashcroft y Griffith, las diferencias culturales entre Europa y América imponen una renegociación de los principios estéticos imperantes en ambas partes.[11] El resultado de esta

---

[10] Como ejemplo de los pronunciamientos críticos opuestos a la obra dariana puede consultarse algunas citas recogidas por Hugo Cerezo Dardón sobre la recepción de las *Prosas profanas* en Guatemala, contenidas en "El modernismo en Guatemala". *Ensayos* [Guatemala: Editorial "José de Pineda Ibarra", 1975], secciones V y VI (pp. 306-312).

[11] "Alterity implies alteration, and no European literary theory is likely to be appropriate in different cultural circumstances without itself undergoing radical rethinking–an 'appropriation' by a different discourse" (Ashcroft et al. 33-34).

"tregua ideológica" es una alteración necesaria de los principios hegemónicos que se resuelve sólo al nivel del lenguaje. Esta es la razón por la que Darío enfrenta el dilema de la lengua mediante la parodia. Al reacentuar la lengua colonial, Darío establece las polaridades mencionadas anteriormente dentro de géneros también reacentuados. De esta forma se encuentra que las oposiciones recurrentes en obras europeas, como el individuo frente a la sociedad, la tradición frente al cambio y el artista frente al arte, simbolizan la situación cultural de América frente a Europa, la del sujeto colonial ante el centro, y la de las "culturas internas" mencionadas por Rama–representadas por los "campesinos creadores" de Martí (305-306)–y los centros producidos por la transculturación como la ciudad "desdeñosa" (la "ciudad letrada" de Rama) en una forma reacentuada, sea a través de la fábula o del relato. Darío lleva a cabo esta reacentuación al recurrir al discurso paródico. De este modo, crea una tradición basada en la iconografía hegemónica, y reacentúa los signos que el centro mismo pone a su disposición. El resultado es una prosa narrativa que, como afirma Hutcheon, se nutre de las referencias vigentes (34) con el fin de reconstituirlas. Es a través de este último aspecto que la parodia trasciende el virtuosismo estilístico para convertirse en elemento primordial en la construcción de ideologemas que contribuyen en la creación de mundos ficticios.[12]

Considerando el valor del discurso paródico como medio de respuesta, y la constitución (o reacentuación) de los géneros literarios como parte de un proceso de transculturación, cabe recordar que, aunque ciertas convenciones genéricas persistan, el texto permanece dividido; la fisura de la modernidad explica que los textos clásicos, antes "lisibles", sean, por obra del discurso paródico, "escribibles".[13] Esta desconstrucción trabaja desde dentro del texto mismo, y se manifiesta a través de referencias metaliterarias que apuntan hacia una agenda gramatológica: la creación de un sistema de signos y textos. En el curso de este proceso, el género "parodiado" se transforma sin perder su identidad. Es así como la esencia de la fábula y el relato, por ejemplo, persiste, aunque sus elementos superficiales parezcan alterados por el discurso paródico.

---

[12] "[P]arody can certainly take on more precisely ideological dimensions. Here too, however, there is no direct intervention in the world: this is writing working through other writing, other textualizations of experience" (Hutcheon 129).

[13] Recuérdese cómo la imagen del espectador-traductor de Baudelaire apunta hacia la idea barthesiana de los textos "escribibles".

Capítulo IV

LA NARRATIVA DARIANA: PRODUCCIÓN Y REPRODUCCIÓN COMO RESPUESTA

1. La fábula como reinvención hispanoamericana

Así como Hispanoamérica se apresuraba a forjar una imagen política propia, sus artistas y escritores se lanzaron a una "reinvención" similar, esta vez de lo europeo, dentro de su producción textual. Con este proceso los modernistas hispanoamericanos trataban de re-construir el mundo a fin de darle cabida a su perspectiva, sus categorías culturales y sus preocupaciones propias. Fue también mediante el discurso paródico que los modernistas iniciaron una renovación y readaptación de la fábula, cuyo fin de "explicar" y "enseñar" sigue la máxima clásica de *utile dulci* y es eminentemente didáctico. Este género, enraizado en las fuentes clásicas y utilizado frecuentemente por autores tan diversos como Samaniego y La Rochefoucauld, posee una versatilidad que trasciende las corrientes artísticas y, al mismo tiempo, le permite reflejarlas sin traicionar sus principios como vehículo de enseñanza. Así es como la fábula, inicialmente un texto instructivo que explica orígenes o ilustra situaciones morales, se convierte en vehículo de respuesta al pasar por el fenómeno de transculturación dentro de América Latina.

El procedimiento que siguieron los modernistas al utilizar esta forma es, en esencia, el mismo que indica Hutcheon: repetir la forma desde una perspectiva crítica, señalando mediante variaciones irónicas las diferencias residentes dentro de la propia semejanza entre la parodia y la forma parodiada. Como Hutcheon añade (26), la parodia aquí encarna tanto el proceso de cambio como la continuidad cultural dentro de la cual toma lugar.

Así, la fábula dariana, en particular, refleja el cambio cultural y la conciencia emergente de América Latina al servir como respuesta y re-crear un mundo dentro del cual se inserta, no sin hacer un comentario irónico. La misma forma parodiada, la fábula, cambia en lo que se refiere a su propósito, pues si bien su forma original es la de proveer una lección moral al lector, en Darío va más allá del principio *utile dulci*, y se convierte en un manifiesto mucho más sutil que las "Palabras liminares". La fábula, dentro del modernismo, es un género que deja la moral convencional de lado para abogar por una "moral" estética, una teleología de la cultura como diría Larrea (20-21), pues representa los fines y objetivos programáticos de la estética dariana. Para Darío, el acto paródico gira en torno a tres categorías particulares que forman un patrón: el proceso de apropiación, que puede consistir en la toma de un género, una idea o una tradición; la idea de producción, que se manifiesta como reacción o resultado de las circunstancias; finalmente, la articulación de una respuesta, que surge como una acción o un manifiesto que simboliza un problema cultural.

Debido a la intencionalidad del autor, la fábula dariana viene a ser otro texto "escribible", pues exige que el lector realice una transferencia de valores (de lo moral a lo artístico), que la "traduzca" del plano alegórico al de la realidad, probando de esta manera que el texto no se abstrae de las circunstancias culturales en las que se originó, sino que las refleja. El hecho de que se dé un reflejo de las condiciones de la génesis textual coincide, hasta cierto punto, con una afirmación de Derrida sobre la función de la escritura como sustituto, reflejo y cuestionamiento de la presencia:

> La "rationalité" [...] qui commande l'écriture [...] n'est plus issue d'un logos et elle inaugure la destruction, non pas la démolition mais la dé-sédimentation, la dé-construction de toutes les significations qui ont leur source dans celle de logos. En particulier la signification de *verité* [...]. (*Grammatologie* 21)

La transferencia exigida por estos textos "escribibles" es, por lo tanto, un cuestionamiento, una desconstrucción, como indica Derrida, de la forma original, pues se trata de una parodia, la representación de una representación. Los mensajes a nivel superficial, la "moral" apoyada por la trama, no es la convencional, sino una moral alternativa cuya lección es, precisamente, oponerse a la moral convencional y rebelarse contra ella. Es de acuerdo con estas líneas que Larrea, por ejemplo, ve "El rey burgués" como una narración de protesta en la que los valores se encuentran invertidos, pues en ella el arte es un objeto sujeto a las leyes del mercado. Además, la noción de producción aparece estrechamente vinculada con la del arte, ya que el poeta/autor se ve convertido en parte del esquema comercial como productor.[1]

Al observar "El rey burgués" como fábula emergen los aspectos y convenciones que critica Darío en su texto, que son, en estos casos, su tendencia moralizante y la intención de explicar orígenes. Para empezar, Darío se apropia del género de la fábula y transmuta su intencionalidad al ignorar el contrato narrativo que hace con el lector. Cuando subtitula su obra como "cuento alegre" Darío sugiere que su intención es "distraer las brumosas y grises melancolías" (*Azul...* 155), e invoca, de este modo, imágenes sugerentes del entretenimiento escapista que pueden disfrutar las clases altas. Es más, estas "brumosas y grises melancolías" son alusiones indirectas al *spleen*, esa "enfermedad" peculiar glorificada entre los poetas como condición necesaria para la creación artística. Sin embargo, si por un lado el cuento manifiesta la intención de difuminar estas sensaciones, por otro, el retrato del soberano coincide con la imagen que sus lectores, individuos sensibles e hiperestésicos, tienen del tirano ilustrado que se erige como "defensor acérrimo de la corrección académica en letras, y del modo lamido en artes; alma sublime amante de la lija y de la ortografía" (157). El resultado es contraproducente, pues lejos de disipar "las brumosas melancolías", Darío las acentúa al trazar el predicamento del artista frente al rey. Con respecto al refinamiento de este personaje, es notable que tanto su caracterización como su título oximorónico evoquen la imagen apostrofada de "celui-qui-ne-comprend-pas", la figura de entendimiento obtuso presentada por Darío en sus "Palabras liminares". Esta identificación explica que el Rey, figura aparentemente elogiable, sea concebido como un coleccionista "con cara de rey de naipe" (158), incapaz de comprender el arte que pretende admirar. Su encuentro con el poeta, "una rara especie de hombre", revela su calidad como

---

[1] Aparte de la cuestión de producción y arte, existen lecturas basadas en las circunstancias personales de Darío. Por ejemplo, Mapes y Larrea explican la ironía en "El rey burgués" basados en la idea de que representa una protesta velada (o venganza personal) contra el tratamiento al que fuera sometido Darío por Eduardo MacClure en Chile (Mapes 42n, Larrea 32).

"burgués", individuo preocupado primordialmente por la posesión y producción de bienes, lo que explica que, ante la queja de hambre del poeta, la respuesta del rey sea "Habla y comerás" (158).

El poeta ante la orden real responde con una acerba crítica de la percepción del arte y del sistema. Esta respuesta es, por extensión, no sólo del poeta en el cuento sino de los artistas que protestan al verse sujetos a normas de producción. La respuesta crítica de Darío señala la existencia de conceptos divergentes de arte, de inspiración y de producción, como raíces del problema que enfrentan los artistas, así como, en cierto modo, el individuo marginalizado. A estas normas, resultado de una tradición, se dirige el poeta al decir:

> –Señor, ha tiempo que yo canto el verbo del porvenir. He tendido mis alas al huracán, he nacido en el tiempo de la aurora: busco la raza escogida que debe inspirar con el himno en la boca y la lira en la mano, la salida del gran sol. He abandonado la inspiración de la ciudad malsana, la alcoba llena de perfume, la musa de carne que llena el alma de pequeñez y el rostro de polvos de arroz. He roto el arpa adulona de las cuerdas débiles, contra las copas de Bohemia y las jarras donde espuma el vino que embriaga sin dar fortaleza; he arrojado el manto que me hacía parecer histrión, o mujer, y he vestido de modo salvaje y espléndido: mi harapo es de púrpura. He ido a la selva, donde he quedado vigoroso y ahíto de leche fecunda y licor de nueva vida; y en la ribera del mar áspero, sacudiendo la cabeza bajo la fuerte y negra tempestad, como un ángel soberbio, o como un semidiós olímpico, he ensayado el yambo dando al olvido el madrigal.
> [...]
> Señor, el arte no está en los fríos envoltorios de mármol, ni en los cuadros lamidos, ni en el excelente señor Ohnet! ¡Señor!, el arte no viste pantalones, ni habla en burgués, ni pone puntos en todas las íes. El es augusto, tiene mantos de oro, o de llamas, o anda desnudo, y amasa la greda con fiebre, y pinta con luz, y es opulento, y da golpes de ala como las águilas, o zarpazos como los leones. Señor, entre un Apolo y un ganso, preferid el Apolo, aunque el uno sea de tierra cocida y el otro de marfil. (158-59)

Si bien al inicio el poeta se anuncia a sí mismo como heraldo de un nuevo arte al decir que canta "el verbo del porvenir", su agenda estética, como la de Darío, es, en buena medida, contestataria. Como el poeta, Darío, desde sus "Palabras liminares", afirma haber abandonado "la inspiración de la ciudad malsana" cuando afirma que "detesta el tiempo que lo vio nacer". Continúa su crítica al mencionar "el arpa adulona de las cuerdas débiles" y "el manto" que lo hacía parecer "histrión". Como reacción, se viste de "modo salvaje" y se aleja de las formas preexistentes para investigar (y apropiarse) de lo nuevo. Así pues, habla de quedar "ahíto de leche fecunda y licor de nueva vida", aunque lo más revelador sea su elección de géneros practicados cuando, hacia el final del párrafo, añade "he ensayado el yambo dando al olvido el madrigal". El yambo, en este caso, no es el ritmo poético, sino un género: un poema de carácter satírico (159n); la opción resulta reveladora, pues a través de esta alusión oscura Darío revela su intención de responder al centro y reivindicar la cultura hispanoamericana.

Precisamente esta alusión a un género poco conocido en la tradición hispana, en contraste con las obras entonces populares de George Ohnet (156n), sirve de plataforma para la crítica del arte contemporáneo o burgués que formula Darío en el siguiente párrafo de la cita. Fiel a su noción del arte aristocrático, en el sentido de que debe ser práctica de los mejores, Darío no sólo condena el arte producido para consumo popular, sino también critica la percepción popular del arte como vehículo suntuario. El arte, en la estética dariana, proviene de las profundidades del alma, "del ideal" y no de las fórmulas a las que se refiere burlonamente como "jarabes poéticos". La idea de que el arte "no viste pantalones" indica, de hecho, su ubicuidad y universalidad: no es masculino, pero tampoco femenino. Como actividad y modo de vida, el arte, para Darío, es una práctica que se redime a sí misma, sin necesidad de condicionarla y regularla. Su analogía final, la de la elección entre un Apolo de barro y un ganso de marfil, plantea una crítica del gusto burgués, al que Darío ve como tan materialista y vano como un ganso de marfil. Con todo, su adhesión al Apolo "de tierra cocida" no debe verse como una aceptación de la producción masiva, sino más bien una apología de la obra individual: del artista como creador solitario.

La subordinación de la producción intelectual a lo que Darío llamaba el "industrialismo" constituye un motivo de protesta al que Darío recurre más de una vez en su obra. Mientras en "El rey burgués" se vale de imágenes reconstituidas y reacentuadas, en artículos como "La vida intelectual" Darío articula con claridad su decepción:

> Llegué a París con todas las ilusiones, con todos los entusiasmos... Llegué, vi, quedé desconcertado. El arte, la literatura, ha sufrido la esclavitud de todas las demás disciplinas: el industrialismo. El objetivo principal, si no el único, es ganar dinero, más dinero, todo el dinero que se pueda [...]. (*Políticas* 99)

Pese a sus palabras, Darío no ataca la producción en sí, sino sus motivaciones. Tanto en ésta como en el resto de su obra, Darío evoca ese "industrialismo" que deplora al reproducir sus presiones en los personajes de su narrativa. El retrato de la producción y el lucro presenta, también, su crítica. Así pues, si se considera la situación planteada, el poeta de la fábula, que rehúsa trabajar bajo una estructura que prostituye la creatividad en favor del lucro y el lujo, termina "produciendo" música con un organillo en los jardines reales. La aparente subordinación del artista a las leyes del mercado que fuerza al poeta a trabajar a razón de un trozo de pan por pieza de música (*Azul...* 160) se ve refutada cuando el artista muere de frío en los jardines reales "con una sonrisa amarga en los labios, y todavía con la mano en el manubrio" (161). Ésta no es, como se podría asumir, la derrota del arte, sino su victoria, pues el poeta, ante las circunstancias, produce un arte mecánico que "parodia" la música que espera el rey. El poeta escapa así del dominio del rey merced a su poder creativo, pues lo lleva a trascender la esfera física. De manera similar, el sujeto colonial, sometido a una dominación análoga, subsiste merced a su propia rebeldía, representada en la fábula por una engañosa docilidad:

> Y el infeliz, cubierto de nieve, cerca del estanque, daba vueltas al manubrio para calentarse, tembloroso y aterido, [...] y se quedó muerto..., pensando en que nacería el sol del día venidero, y con él el ideal..., y que el arte no vestiría pantalones sino manto de llamas o de oro... (161)

La producción artística, la música paródica del organillo, no responde a la demanda, sino al compromiso del poeta con el arte y el "ideal". Su esperanza de ver el día en que el arte no vista "pantalones", que son en este contexto prendas homogeneizadoras y vulgares, sino un "manto de llamas o de oro", signo de superioridad y aristocracia, lleva al poeta hasta el último momento de su respuesta hasta la victoria. Por su parte, Darío, como narrador, al intervenir diciendo "¡cuánto calienta el alma una frase, un apretón de manos a tiempo!" (161) recurre a una convención de cierre que invoca la oralidad de la fábula. Al establecer la oralidad (y su recopilación como texto) en este relato, Darío confirma el matiz de ironía contenido en el subtítulo "cuento alegre", pues refleja tanto el triunfo del arte, que en la muerte del poeta no se dejó someter, así como la miopía del materialismo burgués del Rey. El aspecto moral parodiado en este cuento se encuentra en la presentación del artista o sujeto colonial, ante el burgués o agente del centro hegemónico. Antes de renunciar a sus ideales, el artista prefiere producir un arte "paródico" a entregar su expresión personal; de manera semejante, el sujeto colonial se adapta a las leyes que se le imponen sin perder su esencia cultural. La moral alternativa sobre la que se basa la fábula sustenta una actitud de cuestionamiento de las convenciones en general, no su seguimiento o apoyo.

Otras narraciones darianas que parodian el discurso de la fábula cuestionan las circunstancias bajo las que se encuentra el individuo, y crean una serie de valores de naturaleza estética que desconstruyen los valores establecidos por la moral convencional. En "El velo de la reina Mab" Darío presenta una situación similar a la de "El rey burgués", en la que los artistas se ven insertados dentro de un sistema de trabajo y no explotados, pese a que Darío recurre al estereotipo del artista bohemio.[2] De nuevo, la "moral" alterna que Darío propone se basa en principios estéticos, con lo cual plantea un sistema de valores diferente, ajeno al establecido. Esta proposición es subversiva al proponer un cambio de actitud con respecto al centro hegemónico; en lugar de "predicar" el seguimiento de normas morales, Darío promueve su rechazo, en favor de normas creativas.

En principio, el título del cuento incluye la apropiación de una figura mítica de la literatura inglesa: la reina Mab aludida previamente por Ben Jonson en *The Satyr*, y por Shakespeare en *Romeo y Julieta*, es también el título de un poema de Shelley.[3] Darío se vale de

---

[2] El mismo Darío admitió conocer la novela de Henri Murger *Scènes de la vie bohème* (*OD* 64-67, Martínez 200-206), que sirviera de base para la conocida ópera *La bohème*. La figura bohemia, así como otros signos de los que se valiera Darío, adquieren nuevo sentido al formar parte de obras de carácter paródico.

[3] José María Martínez observa que "La reina Mab" refleja las lecturas del poema de Shelley, los cuentos de Catulle Mendès y otras obras de Henri Murger (206-207). Por otra parte, el cuento de Oscar Wilde "The Happy Prince" se vale de la misma intervención *deus ex machina* que aparece en "El velo de la reina Mab". En el relato de Wilde, la estatua de un príncipe que fuera feliz en vida se conmueve an-

sus rasgos feéricos para expresar una crítica de lo fabril, aunque al mismo tiempo refleje su sistema poético, expresado en los términos a los que se refieren Jitrik y Perus en sus análisis de las relaciones del discurso con la producción y "lo fabril" (Jitrik 82-84; Pérus 123).

Al inicio del relato, las hadas del cuento dariano han distribuido diversos "dones" entre los mortales. Al establecer una división casi formulaica entre los dones repartidos y sus usufructuarios, Darío traza una sociedad ordenada de acuerdo con habilidades y destrezas que llenan, cada una, un nicho, una necesidad social (*Azul...* 181). Sin embargo, los cuatro hombres que se quejan en el cuento de Darío no parecen haber sido dotados de los mismos dones que otros. "Al uno le había tocado en suerte una cantera, al otro el iris, al otro el ritmo, al otro el cielo azul" (181). Estas cuatro figuras patéticas son, respectivamente, un escultor, un pintor, un músico y un poeta. Al ayudarlos a los tres, la reina Mab, figura romántica que representa al centro y la tradición, se convierte en promotora del arte por el arte y al mismo tiempo establece un sistema dentro del cual el artista es un productor, aunque sea mediante una ilusión. De hecho, el velo que toca a los artistas y las esperanzas que trae refleja una visión dual dentro de la que el arte es producto de una ilusión "que hace ver la vida de color de rosa", que también se maneja como valor de cambio dentro de una sociedad orientada hacia la producción. Como afirma Jitrik (79), Darío mantenía una concepción "fabril" del discurso, que se refleja en "El velo de la reina Mab" a través de los dilemas de los artistas retratados; todos y cada uno sueñan con producir, y a la vez, la producción que sueñan debe ser perfecta. De este modo, los lamentos del escultor, el pintor, el músico y el poeta, reflejan la mentalidad que Jitrik llama "la máquina poética" al presentar el arte y su producción como partes de un inmenso mecanismo social. Dentro de este mecanismo, los artistas no quedan en situación privilegiada frente a su arte ni a la sociedad, pues se ven sujetos a constantes demandas de aumento de producción y calidad. Si a esta circunstancia se añade el hecho de que el arte que cultivan es un referente al Centro, se encuentra la situación del sujeto colonial en los términos definidos por Jitrik:

---

te la tristeza de sus súbditos, y se vale de un ruiseñor para distribuir las joyas y láminas de oro que lo cubren entre los que las necesitan para subsistir: obreras, familias endeudadas y, detalle significativo, un poeta.

> Si en la máquina poética [...] se exige la perfección de un funcionamiento en la perfección de un resultado–requisito que Darío impuso para su poesía y para toda poesía posible, o sea para el discurso poético en general–, por otro lado se exige igualmente como condición, la originalidad. Y si la perfección es en cierto modo sinónimo de máquina, la originalidad conecta con otra instancia del mundo moderno: [...] el "invento", concepto que de ninguna manera es antagónico de la máquina sino, en el mundo moderno, complementario [...]. (82-83)

El "hada de los sueños", la Reina Mab, se presenta como propuesta de creación de un sistema alterno dentro del cual la producción artística sea admirada por su ejecución, y al mismo tiempo se sostenga de la misma forma que otras actividades: mediante el sistema de oferta y demanda, y la disponibilidad de medios de producción. De este modo, los artistas pasan a ser "productores" y el público se convierte en "consumidor". Al trasladar la relación entre artista y público a un plano en que puede ser vista como parte de un sistema de producción, se transforma en una relación de productor-cliente, y en lugar de ser opuesta o contradictoria, se convierte en complementaria.

La desconstrucción de la fábula continúa siempre que Darío proclama la validez del arte y lo moderno sobre la naturaleza, así como la superioridad moral de la belleza sobre lo útil. Siguiendo las líneas de Baudelaire, tal como lo hace con la doble vertiente de estética y pragmatismo en "El velo de la reina Mab", Darío sanciona las acciones de sus personajes, siempre favorables con respecto al arte, y los desafíos a la moral burguesa imperante.

Sin embargo, a pesar de su decidido apoyo al arte, y a expensas de lo que se consideraba como "valores burgueses", Darío también acude a una tradición en la que se aprecia la manipulación del pasado o apropiación de la tradición. Tal es el caso de "El sátiro sordo" y "Hebraico", en los cuales Darío aprovecha el "pasado utilizable" con el fin de explicar la existencia ulterior de una expresión ("dar gato por liebre") o un motivo literario universal (el descenso a los infiernos). Al intervenir en el origen de una "tradición", Darío utiliza la fábula como medio de explicación y como historia alternativa, lo cual constituye una respuesta contrahegemónica. Sin embargo, esta respuesta va más allá de intervenir en los orígenes oscuros de una expresión o un mito; en su representación, Darío presenta situaciones de opresión, tensión, y respuestas de liberación a través de estrategias de cuestionamiento que llevan siempre a una situación particular: la reformulación de una tradición a partir de elementos del discurso hegemónico.

Además de recurrir a la idea del pasado utilizable para formular una respuesta, Darío también desconstruye la fábula con un toque final de ironía, y presenta, tras una apropiación de iconografías, la situación del artista frente a "la mayoría pensante" y sus estrategias de respuesta. De este modo, en "El sátiro sordo" se encuentra un conflicto en el cual se lanza un ataque sutil contra las figuras de poder, al mismo tiempo que, según E. K. Mapes (41), "responde" a Victor Hugo, autor de Le Satyre.[4] En su cuento, Darío presenta a Orfeo, mucho antes de su descenso a los infiernos, sometiendo su obra a la aprobación del sátiro sin saber de su sordera. El sátiro, en lugar de admitir sus limitaciones, emite un juicio, basado en el consejo de un asno, y le niega a Orfeo el privilegio de cantar en el bosque. A través de esta situación Darío cuestiona el valor de la crítica, evocada por la figura del sátiro, y mantiene un constante proceso de desacralización de la autoridad que ha cortado las oportunidades de producción al artista. Mientras la figura de la alondra patentiza la ignorancia (y posible envidia) del sátiro, pues aprueba con entusiasmo el canto de Orfeo, el sátiro revela su inseguridad ante Orfeo al preguntarse:

> ¿Quién era aquel extraño visitante? ¿Por qué ante él había cesado la danza loca y voluptuosa? ¿Qué decían sus dos consejeros?
> ¡Ah, la alondra había cantado, pero el sátiro no oía! Por fin, dirigió su vista al asno.
> ¿Faltaba su opinión? Pues bien, ante la selva enorme y sonora, bajo el azul sagrado, el asno movió la cabeza de un lado a otro, terco, silencioso, como el sabio que medita.
> Entonces, con su pie hendido, hirió el sátiro el suelo, arrugó su frente con enojo, y sin darse cuenta de nada, exclamó, señalando a Orfeo la salida de la selva:
> –¡No!... (Azul... 167)

Este retrato de la autoridad es semejante al del rey burgués en el cuento homónimo, y al de Moisés en "Hebraico". Como figuras

---

[4] Esta narración, afirma Mapes, "fut dirigé contre des ennemis personnels" (42n).

de autoridad, tanto el rey como Moisés cometen "errores" que serán "enmendados" por una respuesta de subversión y crítica. De hecho, en la última narración mencionada, Darío explica el origen de la expresión "dar gato por liebre" como resultado de una queja presentada ante Moisés por la liebre, que denuncia que uno de sus congéneres ha sido muerto y cocinado por un judío, pese a haber sido declarada animal "impuro" para el consumo humano. Como Moisés y su hermano Aarón, antes de dictar sentencia, prueban el guiso de liebre y lo encuentran satisfactorio, Dios mismo compensa a la liebre por su futura condena como animal comestible dictando que, de vez en cuando, los gatos sean ofrecidos en su lugar, dando así origen a la expresión. En "Hebraico" Darío utiliza las convenciones sobre animales puros e impuros que establece la ley judía y, de hecho, cita estas leyes, siguiendo textos traducidos por Scío de San Miguel (*Cuentos* 175n), a fin de mostrar la forma en que la legalidad está a punto de ser quebrantada. Cuando la liebre consulta a Moisés sobre su situación en la nueva ley y se entera de que ha sido declarada "impura", también reporta que "un israelita, un hijo de Hon, hijo de Pheleth, ha hecho de un hermano mío un guiso, y se lo ha comido." (176). Ante esta denuncia, Moisés y Aarón acuden para confirmar la falta. En este momento Darío propone un cuestionamiento o acomodamiento de las leyes, producido por la reacción de los profetas al guiso del acusado, del cual alegó inocencia por ignorar las leyes sobre los animales. Darío añade:

> El acusado se defendió, como pudo. Explicó su necesidad y disculpó su apetito, alegando ignorancia de la nueva ley.
> Había que juzgarle severamente. Quizá hubiera podido ser lapidado.
> Mas le salvó una circunstancia, un detalle que la liebre acusadora contempló con horror: los dos jueces hermanos probaron el manjar cocinado por el rubenista, y según cuenta el pergamino en que he leído esta historia, concluyeron por chuparse los dedos y perdonar al culpable. La consabida clase de animales fue declarada comible y sabrosa.
> Pero el buen Dios, que oyó las quejas del animal acusador, se condolió de él y le concedió un cirineo que le ayudase a sufrir su destino.
> Desde aquel día de conmiseración se da a las veces gato por liebre. (177)

En esta situación, la solución del predicamento de la liebre trae consigo una crítica de las prácticas del poder. En la disyuntiva, Moisés y su hermano se ven forzados a condenar al hombre que ha violado las leyes que ellos mismos acaban de proclamar. Sin embargo, por su misma capacidad y calidad como gobernantes y emisores de la ley, encuentran una criticable salida: perdonar al culpable por la calidad de su comida. Darío, irónicamente, plantea la solución moral cuando, entregando la acción a Dios, redime a la liebre de su indeseable situación ofreciéndole "un cirineo", alguien que la ayude a llevar su cruz: el gato. La formulación final, que explica el origen de la expresión "gato por liebre", no sólo vincula de nuevo la fábula con la oralidad, sino también refuerza la función moralizante del género. Aunque, en este caso, se trate de una moral alterna y más bien compensatoria.

Si en "Hebraico" la fuente de autoridad ve los errores en la ley e intenta corregirlos, en el caso de "El sátiro sordo", la autoridad se niega a transigir, es opresora y su poder es irresponsable al acaparar los medios de producción. Como venganza poética, las figuras sometidas al capricho de la autoridad crean su propio sistema de producción, dentro del cual, por cierto, la autoridad surge de nuevo como blanco de crítica. De hecho, en el contexto de "El sátiro sordo", el asno, que mueve la cabeza "como un sabio que medita", implica no sólo la reacentuación de una imagen sino una respuesta subversiva que refuerza la imagen del poder y la erudición que tiene Darío. Así, a la vez que critica a "los-que-no-comprenden", Darío sitúa a las presuntas víctimas en posiciones dentro de las cuales su productividad (real o potencial) trasciende la de sus opresores y les permite crear su propio sistema artístico. Como ejemplo de creatividad constante, en "El rey burgués" el poeta, pese a verse sujeto a un trabajo humillante, continúa su producción escribiendo para sí mismo. De igual forma los artistas de "El velo de la reina Mab" superan sus limitaciones inmediatas (hambre, falta de dinero o inspiración) para crear obras que dejarán su impronta en el arte mismo. Orfeo, rechazado del bosque por un sátiro carente de oído y sensibilidad, pasa a convertirse en un ícono cultural, como el mismo Darío añade, no sin vengativa ironía, al final del cuento. Finalmente, en "Hebraico", la liebre aparece como una criatura perspicaz ante el propio Moisés cuando cuestiona la ley divina que la declara "animal impuro". Sin embargo, y como hemos visto, al ver lo que sucede cuando Moisés y Aarón comparten un festín de liebre, el mismo Dios compensa a la liebre al proclamar que "[d]esde aquel día de conmiseración se da a las veces gato por liebre" (177).

De la misma forma que los dos relatos precedentes, "Hebraico" y "El sátiro sordo", Darío, en "El nacimiento de la col", se apropia de una convención, un *topos*, el paraíso terrenal, para presentar un relato de explicación que, a la vez, contiene una respuesta contrahegemónica. La rosa, símbolo de belleza, es "tentada como después lo sería la mujer" por el diablo (279). A raíz de su breve conversación con el diablo, que le dice que "ser bella es poco", la rosa languidece y pide "ser útil". Dios la complace convirtiéndola en col, y así servirá de alimento de la misma forma que las bellotas de los árboles alimentan a quienes "se detienen bajo sus ramas". Ahora bien, el dilema de la rosa sugiere el sacrificio de la belleza por la utilidad, que también experimenta el artista frente a la sociedad moderna. Al igual que con Orfeo y los artistas auxiliados por la Reina Mab, la rosa, como la liebre, cuestiona su propia importancia y valor, respondiendo así al centro, pidiendo un cambio en el orden de las cosas. Esta respuesta, la solicitud de la rosa de ser útil, refleja tanto la influencia de la modernidad como la estética híbrida, al convertir la utilidad en una propiedad tan valiosa como la belleza. La persistencia del uso de estos principios de doble filo combina no sólo lo útil y lo bello, sino también lo mínimo–y no menos mundano–como la rosa, con lo sacro, Dios, en una situación en la que Dios mismo no está desprovisto del pragmatismo que Darío condena en el burgués: en lugar de "condenar" a la rosa a una existencia improductiva, aprovecha su impulso (similar al de la liebre) para hacerla utilizable, y la transforma en col. De esta forma, la productividad recibe una sanción divina, y la rosa, respondiendo a la moral alterna, deja su pedestal como representación de belleza natural para ser convertida en vegetal.

Mientras "El nacimiento de la col" es un reflejo paródico de la estética híbrida ya mencionada, otra narración, "El rubí", refleja, desde un punto de vista diferente, no sólo la estética moderna sino su encuentro con la tradición, representado por la manufactura. En este cuento, Darío enmarca la narración central, referente al origen del rubí, con una serie de comentarios sobre las piedras sintéticas. Luego de que los gnomos hacen comentarios sobre el rubí natural en contraste con el artificial, robado por Puck, Darío cede la palabra al gnomo más viejo, que narra cómo el rubí proviene de la sangre de una mujer a la que él amaba, y que, por amor a otro hombre, en su intento de escapar se hirió en "su caverna diamantina" y se desangró hasta morir, tiñendo de rojo los diamantes que la rodeaban. Las alusiones a lo fabril, presentadas en oposición abierta a la leyenda que explica el origen del rubí, crean un espacio que debe llenarse con una explicación. El aspecto interesante en esta narración es que, mientras en las anteriores los personajes oprimidos crean su propio sistema de producción, aquí la producción misma, el aspecto tecnológico, es el blanco de la crítica dariana. El proceso de producción del rubí artificial, representante de la modernidad, no supera la "verdadera" historia del origen del rubí. Al contraponer la esencia del rubí, expresada como "mezcla de sílice y de aluminato de plomo; coloración con bicromato de potasa o con óxido de cobalto" (*Azul...* 192) frente a la historia del gnomo viejo, según la cual el color del rubí proviene de la sangre de la mujer que se sacrificó por amor, Darío enfatiza una tradición que él mismo ha creado, valiéndose de los iconos del centro, como sutil crítica del positivismo.

Es interesante notar que tanto en "El rubí" como en "El nacimiento de la col", la producción se convierte en parte vital del discurso contrahegemónico. En una, la voluntad de transformación de la rosa y en la otra el sacrificio de la mujer, no la tecnología, contribuyen en un nuevo proceso (y concepto) de "producción". La voluntad de cambio, el intento de modificar las circunstancias y la acción individual son rasgos que resaltan en estas dos narraciones, pues enfatizan la capacidad del individuo para ejercer cambios en su situación. Al centrar la acción en esta voluntad de transformación, Darío le restituye poder al individuo y enfatiza el valor de la "función" y responsabilidad social: la rosa desea ser útil y renuncia a ser bella, la mujer desea reunirse con su amado y renuncia a los lujos con que la rodea el gnomo viejo. Es durante el proceso de producción que la belleza física de ambas pierde su calidad estética y suntuaria para convertirse en un objeto útil y enseñanza moral.

Ahora bien, la producción del rubí responde a circunstancias diferentes. Mientras la rosa, tentada como la Eva bíblica, desea ser útil y al expresar su deseo es transformada en col, la cautiva del gnomo deja un testamento indeleble de su amor como resultado de un fallido intento de huida. Aunque fuera amada por el viejo gnomo, la mujer se enamoró de un hombre, y un día, aprovechando un agujero abierto en roca viva, intentó escaparse para reunirse con su amado. El gnomo, narrador de la "verdadera" historia del rubí, continúa:

> De su lecho, de su mansión más luminosa y rica que la de todas las reinas de Oriente, había volado fugitiva, desesperada, la amada mía, la mujer robada. ¡Ay! Y queriendo huir por el agujero abierto por mi maza de granito, desnuda y bella, destrozó su cuerpo blanco y suave como de azahar y mármol y rosa, en los filos de los diamantes rotos. Heridos sus costados, chorreaba la sangre; los quejidos eran conmovedores hasta las lágrimas. ¡Oh, dolor!
>   Yo desperté [...] más la sangre corría inundando el recinto, y la gran masa diamantina se teñía de grana.
>   [...]
>   Cuando el gran patriarca nuestro, el centenario semidiós de las entrañas terrestres, pasó por allí, encontró aquella muchedumbre de diamantes rojos... (196-97)

Llama la atención aquí la profusión en general, la idea de abundancia–resultado de la producción–sugerida por la mansión "más luminosa y rica que la de todas las reinas de Oriente", y por la imagen de una "masa diamantina" bañada en sangre suficientemente abundante para teñirla. Pese a que el resultado de esta circunstancia es un "producto" como el rubí, la inspiración y su acontecimiento cambian su percepción. La inspiración fue una pasión, la forma en que aconteció esta acción originaria del rubí es accidental. El efecto, por fortuito, es meramente accidental, vinculado con el azar y la mala fortuna del gnomo narrador, que perdió así a la mujer que amaba.

Tanto en "El rubí" como en "El nacimiento de la col", la alusión al "origen" confirma el tono fabular. Sin embargo, el hecho de que tanto "El rubí" como "El nacimiento de la col" se basen en la relación entre origen y producción no implica una apología de la tecnología, sino que simboliza la actitud dariana frente al proceso mismo de producción. Esta actitud crítica se refleja en el hecho de que ambos orígenes son, hasta cierto punto, resultado de una decisión personal y no de una necesidad, como es el caso de los artistas en "El velo de la reina Mab". Partiendo de la premisa de que ambas fábulas reflejan una decisión individual, Darío establece los rasgos básicos, basados en los rasgos comunes entre el rubí y la col, para ofrecer una respuesta antihegemónica. El primer rasgo es la autodeterminación, la decisión personal e individual de crear un espacio y función propias; el segundo es el resultado mismo de la creación. La col se añade al universo de vegetales, cumpliendo así con su misión, de la misma forma que el rubí adquiere la categoría de piedra preciosa. Finalmente, como último rasgo, ambas narraciones aluden, de una u otra forma, a la dualidad o hibridez de la misma estética modernista, que en aras de la modernidad no dejaba de lado el aspecto práctico del arte mismo, aunque produzca resultados aparentemente divergentes. Así, si la flor se convierte en objeto útil, la piedra, por otra parte, se convierte en blanco de crítica al ser descrita como una suma de elementos químicos combinados por un científico francés. Curiosamente, en este caso, la combinación científica de sílice y otros compuestos carece de la poesía evocada por la narración del viejo gnomo.

La fábula, por lo tanto, alberga una actitud ambivalente y crítica ante la modernidad, representada por la fusión (o tensión) de contrarios que supone una estética aparentemente contradictoria. Esta contradicción se traduce como una tensión intercultural dentro de los textos darianos, enmascarada por el discurso paródico al que recurre el autor para, como diría Derrida, "desconstruir el logos" del que proviene. Los orígenes, la tradición, las relaciones entre individuo y sociedad, entre arte y artista, entre objeto y usuario, vienen a ser criticados en la obra dariana, mediante el universo de símbolos sobrecodificados que le sirve como una especie de "lenguaje" críptico, y al mismo tiempo se convierten en elementos que contribuyen en el proceso de creación de una identidad nacional, aunque sea por negación.

Huelga decir que la misma fórmula de la fábula se convierte en una respuesta; si bien la retórica clásica la presenta apoyada sobre el principio de Horacio, de *utile dulci,* Darío la utiliza para crear un "pasado utilizable" y abrir caminos de liberación de la tradición hegemónica. Al cuestionar la fábula, Darío subvierte la moral y los "valores" del centro, atentando así contra lo establecido, mediante textos que, como manifiestos de independencia cultural, forman parte de la naciente gramatología de América Latina.

2. Producción hegemónica/respuesta contracultural:
   el relato dariano

Los relatos darianos, considerados superficiales por algunos de sus contemporáneos, contienen también el patrón de apropiación, producción y respuesta que vemos en las fábulas, codificado por imágenes como la del artista frente al arte y la sociedad, y su capacidad de producción, así como una notable tendencia a la autorreferencialidad, a través de imágenes y situaciones metatextuales.⁵ A diferencia de las fábulas, en las que Darío "crea" un pasado, sus relatos tienden a enfocar su atención en la vida y situación de sus colegas artistas contemporáneos, y por esa razón, para enfatizar su condición como marginados, su ambientación requiere un centro urbano. Estos son algunos aspectos notables en relatos como "El pájaro azul", al que Darío calificó como "narración de París" e incluyó en *Azul...* desde 1888.⁶ La narración está ambientada en París, cuando un grupo de alegres bohemios, todos "concurrentes del Café Plombier, buenos y decididos muchachos–pintores, escultores, escritores, poetas... ¡todos buscando el viejo laurel verde!" (*Azul...* 205) se apiadan de un joven poeta, "triste casi siempre, buen bebedor de ajenjo, soñador que nunca se emborrachaba, y, como bohemio intachable, bravo improvisador" y lo bautizan como "pájaro azul" (205).

El "pájaro azul" era un poeta de nombre Garcín, aislado aun entre los marginalizados bohemios por tener "el vino triste". Sin embargo, como Darío apunta, Garcín no se quedaba con sólo la aspiración poética, pues solía hacer paseos que le llenaban de inspiración. De este modo, escribe Darío, de sus paseos "solía traer ramos de violetas y gruesos cuadernillos de madrigales, escritos al ruido de las hojas y bajo el ancho cielo sin nubes. Las violetas eran para Niní, su vecina [...]. Los versos eran para nosotros" (206).

Al asociar la producción artística con la naturaleza, Darío parece contradecir la estética baudeleriana, que relaciona lo bello con lo artificial. Sin embargo, la actitud de Darío en este relato no se opone a la de Baudelaire ni socava el credo modernista pues es la apropiación cultural de un tópico: el poeta ante la naturaleza. Mediante esta imagen apropiada, la del poeta ante la naturaleza, Darío articula un sistema de producción según el cual la naturaleza adquiere el valor de materia prima, de la cual la poesía es el producto final:

---

⁵ La obra de Darío no recibió siempre una acogida entusiasta; de hecho, fue blanco de ataques y críticas frecuentes debido a su ruptura con la tradición previa. Como ejemplos de estos pronunciamientos contra la obra dariana podemos ver las citas recogidas por Hugo Cerezo Dardón sobre la recepción de las *Prosas profanas* en Guatemala, contenidas en "El modernismo en Guatemala". *Ensayos* [Guatemala: Editorial "José de Pineda Ibarra", 1975], secciones V y VI (pp. 306-312).

⁶ Las figuras bohemias, principales en este relato, provienen de la lectura de Darío de la obra poética de H. Murger y su conocida novela *Scènes de la vie bohème*. Ya en su estancia en Chile en 1886, Darío había dedicado un artículo a Murguer y su novela (*OD* 64-67).

Principios de Garcín:
De las flores, las lindas campánulas.
Entre las piedras preciosas, el zafiro.
De las inmensidades, el cielo y el amor; es decir, las pupilas de Niní.
Y repetía el poeta: Creo que siempre es preferible la neurosis a la imbecilidad. (206)

Aunque "los principios de Garcín" se constituyan en un eco de la emergente mitología modernista, también contienen una respuesta similar a la de las "Palabras liminares". Esta respuesta se articula en una serie de preferencias, mediante las cuales el poeta establece su propia individualidad, su valor y autonomía personal. Así pues, Garcín opone sus preferencias a las imágenes favorecidas por una tradición previa, y plantea las campánulas como alternativa de las rosas, por ejemplo, de la misma forma que elige el zafiro y no el diamante como "su" piedra preciosa. Este y otros pronunciamientos personales implican una desviación de la norma, un rechazo a lo establecido, una preferencia que lo segrega, como la de preferir la neurosis a la estupidez. De este modo, el poeta convierte la singularidad y sus preferencias en materia prima poética para su respuesta artística. Ahora bien, a medida que el relato avanza vemos también la identificación entre artista y sujeto colonial cuando Darío, retratando el uso de imágenes preestablecidas (Adorno, "Subject" 150), narra como el poeta, cuyo cerebro aprisiona el "pájaro azul", se ve derrotado ante las percepciones de los otros, ajenos a la producción artística, que lo consideran "loco" (*Azul...* 207). La decisión de Garcín de desafiar al centro, que es, en este caso, el padre que le ordena volver a la tienda y "llevar los libros" del almacén, inicia un proceso de respuesta simbolizado por la composición de un poema titulado "El pájaro azul" (208). Continúa Darío:

Cada noche se leía en nuestra tertulia algo nuevo de la obra. Aquello era excelente, sublime, disparatado.
Allí había un cielo muy hermoso, una campiña muy fresca, países brotados como por la magia del pincel de Corot, rostros de niños asomados entre flores, los ojos de Niní húmedos y grandes; y, por añadidura, el buen Dios que envía volando, volando, sobre todo aquello, un pájaro azul que, sin saber cómo ni cuando, anida dentro del cerebro del poeta, en donde queda aprisionado. (208)

La autorreferencialidad y el uso de imágenes referentes a obras artísticas como mecanismos de legitimación sugieren en este caso una estrategia particular por parte de Darío: la forja de un universo autónomo en el que los referentes aluden a elementos del sistema al que pertenecen, a fin de reforzar la misión ideológica del narrador. Si al uso de imágenes artísticas añadimos la producción con que responde Garcín tendremos, como se puede observar, la descripción del *locus amœnus*, un lugar ideal que refleja, también, el nominalismo que Brennan atribuye al lenguage, y la idea de la metafísica de la presencia de la que habla Derrida. En otras palabras, al escribir sobre un lugar ideal se le da presencia y, a la vez, valor existencial. El rasgo particular en la presentación o escritura de la nación que Darío lleva a cabo al describir el *locus amœnus* aparece en mención de Corot, similar a las de Remy de Gourmont en las "Palabras liminares". La comparación del paisaje idílico de Garcín en su poema, con los "países brotados [...] del pincel de Corot" es una equiparación entre marginalizados, Garcín y Corot, cuya esfera de influencia, medio redentor, contestatario y cuestionador, es el arte.

Sólo la muerte de Niní, inspiración de su obra, pone fin al poema (209). Tras anunciar su despedida, Garcín se sacrifica en lo que parece ser un gesto de desesperación. Sin embargo, la decisión del poeta, como la del artista en "El rey burgués", es un acto de afirmación de su autonomía: antes de someterse a los dictados del centro y volver a la tienda de su padre, Garcín opta por liberar al "pájaro azul" que lo atormenta. Ante la decisión radical de su personaje, Darío añade una nota de solidaridad (artística y política): "¡Ay, Garcín, cuántos llevan en el cerebro tu misma enfermedad!" (210)

El artista que se enfrenta al arte y la sociedad a través de su capacidad de producción es la idea dominante de otro relato dariano, "Arte y hielo", publicado en Chile en 1888. Darío, en este cuento, narra las peripecias de adaptación de un escultor, cuyo taller está lleno de figuras que representan el inventario cultural occidental, como Dianas, cazadores, estatuas ecuestres y otras más, que necesita vender para subsistir. La ironía sutil con la que Darío maneja la situación del escultor encierra una acerba crítica respecto a los mecanismos del mercado, que asignan un precio a lo que un artista considera invaluable: el arte. Así como en "El pájaro azul", la marginalidad del artista da lugar a una respuesta que, en este caso, se manifiesta como una estrategia de entrada en el mercado de bienes, usando, precisamente, los mecanismos y retórica del sistema. En otras palabras, el artista, igual que Darío, se apropia de las convenciones del discurso de ventas, las parodia y obtiene un éxito relativo pues su tienda empieza a recibir visitantes.

Sin embargo, el artista tiene que pasar por una especie de iniciación y adaptación a las leyes de oferta y demanda, así como a las normas sociales, que hasta ese momento ha ignorado debido a su consagración al arte. Darío ilustra la necesidad de esta adaptación en un episodio que muestra la divergencia de las visiones del artista y del mundo. Mientras el escultor cree en el valor intrínseco del arte, el mundo, regido por normas diferentes, ignora lo artístico a menos que sea objeto comercial. Darío ilustra la situación con este episodio significativo del cuento:

> Un día el artista tuvo un momento de lucidez, y viendo que el pan le faltaba y que el taller estaba lleno [de estatuas] de divinidades, envió a una de tantas a buscar el pan a la calle.
> Diana salió y, con ser casta diva, produjo un ¡oh! de espanto en la ciudad.
> ¡Qué! ¿Y era posible que el desnudo fuese un culto especial del arte?
> ¡Qué! Y esa curva saliente de un brazo, y esa redondez del hombro y ese vientre ¿no son una profanación? Y luego:
> –¡Dentro! ¡Dentro! ¡Al taller de donde ha salido!
> Y Diana volvió al taller con las manos vacías.
> El escultor se puso a meditar en su necesidad. (*Cuentos* 179)

La reacción ante la estatua de Diana, que sólo inspira respeto por su atractiva figura y no por su calidad como diosa, refleja la situación cultural del momento histórico de los modernistas. Ante una sociedad que profesa admiración por la riqueza y la ostentación, el arte clásico pierde poder y terreno. La respuesta a esta situación es adaptarse a las nuevas reglas de juego que impone una sociedad basada en el principio de producción y productividad. Al articular una estrategia de respuesta, el artista se integra en el sistema, utilizando sus reglas de la misma forma que el sujeto marginalizado se enfrenta al centro hegemónico. Es en estos términos en los que el artista (un marginalizado por la sociedad) erige un sistema de producción propio, con igual valor competitivo que el del centro hegemónico, al mismo tiempo que mantiene sus ideales estéticos dentro de una estrategia de adaptación deliberadamente sincrética, como la articulada por Baudelaire (180). La adaptación conlleva un enfrentamiento contra la burguesía, en el que el artista se vale de las mismas estrategias discursivas (políticas) del centro hegemónico: anunciar su producto como un objeto que representa *status*. Cuando el escultor recurre al comercialismo, y anuncia su mercancía en una plaza pública "donde concurrían las más lindas mujeres y los hombres mejor peinados, que conocen el último perfume de moda" (*Cuentos* 179), no sólo se enfrenta contra un sistema comercial sino que, a la vez, presenta un mensaje político de subversión, al apropiarse de las estrategias de sus rivales. De forma parecida, el escultor, como sujeto marginalizado, se venga de sus detractores al presentar como respuesta un centro alterno representado por el arte. Al iniciar su anuncio, el escultor justifica su afán de lucro apelando a su condición de bohemio, con lo que se aprovecha del estereotipo que Darío ha utilizado ya en "El pájaro azul". Con estas ideas en mente, el escultor anuncia:

> –Señores, yo soy fulano de tal, escultor orgulloso pero muy pobre. Tengo Venus desnudas o vestidas.
> Os advertiré que yo amo el desnudo. Mis Apolos no os desagradarán, porque tienen una crin crespa y luminosa de leones sublimes [...]. Mis Dianas son castas, aunque os pese. Además, sus caderas son blandas colinas por donde desciende Amir, y su aire, cinegético. Hay un Néstor de bronce y un Moisés tan augusto como el miguelangelino. Os haré Susanas bíblicas como Hebes mitológicas, y a Hércules con su maza y a Sansón con una mandíbula de asno [...].
> [...]
> Para vosotras, mujeres queridas, haré sátiros y sirenas, que serán la joya de vuestros tocadores.
> Y para vosotros, hombres pomposos, tengo bustos de guerreros, torsos de discóbolos y amazonas desnudas que desjarretan panteras.
> Tengo muchas cosas más; pero os advierto que también necesito vivir. He dicho. (179-180)

En primera instancia, como parte de su respuesta notamos la creación de referentes alternos que surge al forjar un universo autorreferencial. Al describir que los "Apolos" tienen "una crin crespa y luminosa de leones sublimes", el escultor maneja dos géneros escultóricos: las figuras mitológicas de la tradición clásica grecorromana y las imágenes grandilocuentes de la estatuaria conmemorativa. De manera similar, el escultor compara su propio Moisés con una imagen clásica al describirlo como "tan augusto como el miguelangelino", en lugar de invocar una semejanza con el original, así como hace referencias entre sus Dianas, cuyas caderas son blandas "como las colinas por donde desciende Amir".

Además de esta autorreferencialidad, Darío otorga a su escultor la elocuencia de un vendedor que conoce su mercado, pues el artista apela al género de sus clientes más para ofrecer un placer suntuario que estético. De esta suerte vemos que ofrece a las mujeres "sátiros y sirenas, que serán la joya de vuestros tocadores", mientras que para los hombres tiene "bustos de guerreros, torsos de discóbolos y amazonas desnudas". Esta parodia del discurso comercial implica también una crítica sutil del sistema y, en este caso, un ataque a la llamada "ciudad letrada", que se ve ridiculizada al ser retratada en su patético intento de emular el refinamiento del centro.[7] Ésta es la idea que se filtra de las palabras del poeta, que, al ver llegar al admirador de "una emperatriz de las más pulcras" piensa:

> Es un hecho que he encontrado ya la protección de los admiradores del arte verdadero, que son los pudientes. Sus palacios se llenarán de mis obras, mi generación de dioses y héroes va a sentir el aire libre a plena luz, y un viento de gloria llevará mi nombre, y tendré para el pan de todos los días con mi trabajo. (180)

El artista, hombre práctico al fin, formula el plan de sobrevivencia del arte: la convivencia con la burguesía, en la que el arte, al surgir como objeto suntuario, se erige como "necesidad" para quienes tienen dinero. Esta idea, eco del "Rey burgués", resurge con la llegada a su estudio de un cliente, retrato estereotípico del burgués, con "gran cuello y [...] zapatos puntiagudos". Este individuo sólo indigna al escultor, que se ve sometido a la crítica del comprador, formulada en los siguientes términos:

> El enamorado comenzó a pasar revista de toda aquella agrupación de maravillas artísticas, y desde el comienzo frunció el ceño con aire de descontentadizo, pero también de inteligente. No, no, esas ninfas necesitan una pampanilla; esas redondeces son una exageración; ese guerrero formidable que levanta su maza, ¿no

---

[7] Ejemplos del uso paródico de este discurso son los poemas "Agencia" y "Aviso del porvenir".

tiene los pies anquilosados? Los músculos rotan; no deben ser así, el gesto es horrible; ¡a esa cabellera salvaje le falta pulimento! [...]. ¿Para qué diablos labra usted esas indecencias? (181)

El escultor, al escuchar los juicios artísticos del "homo sapiens de Linneo" no puede menos que echarlo de su estudio. Su derrota económica (y con ella del arte) es un factor de marginalización, pues el enamorado, desencantado, termina, narra Darío, yendo a "un almacén de importaciones parisienses, donde compró un gran reloj de chimenea que tenía el mérito de representar un árbol con un nido de paloma, donde, a cada media hora, aleteaba ese animalito, hecho de madera, haciendo ¡cuú! ¡cuú!" (181). Sin embargo, Darío, tal como hiciera en sus fábulas, no pierde la oportunidad para responder ante la crítica burguesa con un acto de producción que subvierte la autoridad. Cuando "uno de tantos reyes burgueses" se presenta para comisionar un trabajo al escultor, ignora por completo las sugerencias del artista y ordena "una cabeza de caballo", uno de los silenos del taller le sugiere al escultor una venganza redentora: "¡Eh, maestro! No te arredres: hazle su busto" (182).

Además de instituir un sistema de producción alterno representado por la proliferación de obras de arte, Darío utiliza elementos culturales contrastantes a fin de responder al centro con un discurso que enfatiza la diversidad y la presenta como un rasgo moderno y deseable. De esta manera, proponiendo una modernidad en constante movimiento, la noción de universalidad cobra un sentido nuevo y se convierte en un valor moderno que justifica todas las respuestas contrahegemónicas como representaciones de la modernidad. Luego, tanto la aparición de un "mercado para el arte" como el uso de chinerías, alusiones deliberadamente contrastantes y, por momentos, reivindicadoras, matizan las narraciones darianas como respuestas codificadas que repiten, de forma sutil, la afirmación de Bolívar sobre la participación de los latinoamericanos en la cultura del centro al ser "europeos por derecho".

El discurso de respuesta, basado en las categorías de apropiación y producción, se encuentra convertido en situación humana en el relato "La muerte de la emperatriz de la China". Una vez más, los protagonistas son artistas y, por lo tanto, sensibles ante el arte y la belleza. En el cuento, una pareja de recién casados, Recaredo y Suzette, que comparte una existencia idílica, recibe el regalo de un amigo común: un paquete enviado por un amigo mutuo residente en China, que contiene un busto de porcelana cuya base "tenía tres inscripciones, una en caracteres chinescos, otra en inglés y otra en francés: *La emperatriz de la China*. ¡La emperatriz de la China!" (*Azul...* 241, subrayado original). Recaredo, admirador del trabajo escultórico oriental, interrumpe su propia producción artística al convertirse en un adorador de la figura:

> Una, dos, diez, veinte veces la visitaba. Era una pasión. En un plato de laca yokohamesa le ponía flores frescas todos los días. Tenía, en momentos, verdaderos arrobos delante del busto asiático que le conmovía en su deleitable e inmóvil majestad. Estudiaba sus menores detalles, el caracol de la oreja, el arco del labio, la nariz pulida, el epicantus del párpado. ¡Un ídolo la famosa emperatriz! (242)

Al final, la obsesión de Recaredo provoca los celos de Suzette, quien, igualmente obsesionada, destruye la figura y proclama su victoria.

En principio, este cuento involucra los criterios de apropiación, producción y respuesta que hemos visto antes en "El pájaro azul" y en "Arte y hielo". Es más, la primera apropiación surge cuando la figura que da título al relato parece crear una dependencia en Recaredo. Al constituirse en ejemplo de la visión del arte como un universo paralelo y autónomo, Recaredo, artista marginado, encuentra en la figura una encarnación de los ideales artísticos que persigue, aunque al hacerlo también coloca un producto artístico por encima de su propia producción. Si bien esta actitud puede equipararse con el culto al arte que propugnan los modernistas, por otro lado sugiere una subyugación a criterios, modelos e ideas foráneas que no era, precisamente, la intención original. La situación de Recaredo adquiere, como podemos ver, tonos de advertencia con respecto a la adopción de modelos ajenos, particularmente peligrosa cuando, como vemos en el relato, la relación amenaza la producción artística, que es también la capacidad de respuesta. En el cuento, esta admiración de Recaredo por la emperatriz lo lleva a la pasividad e improductividad, reforzando así los lazos entre el margen y el centro. Recaredo, por su parte, admira a la "emperatriz" al seguir los mismos mecanismos de imposición que forman al sujeto colonial, y construye una visión de lo marginal y del otro basada en las ideas que recibe del centro, siguiendo la lógica que señala Rolena Adorno

("Subject" 149-150). Con la apropiación de la imagen y al compartir la ex-centricidad oriental, Recaredo se siente partícipe del centro por ser un fervoroso admirador del arte oriental:

> Y sobre todo ¡la gran afición! japonerías y chinerías. Recaredo era en esto un original. No sé qué habría dado por hablar chino o japonés. Conocía los mejores álbumes; había leído buenos exotistas, adoraba a Loti y a Judith Gautier, y hacía sacrificios por adquirir trabajos legítimos, de Yokohama, de Nagasaki, de Kioto o de Nankín o Pekín: los cuchillos, las pipas, las máscaras feas y misteriosas como las caras de los sueños hípnicos, los mandarinitos enanos con panzas de cucurbitáceas y ojos circunflejos, los monstruos de grandes bocas de batráceos, abiertas y dentadas, y diminutos soldados de Tartaria, con faces hoscas (*Azul...* 239).

Recaredo, entonces, participa del centro al compartir con éste su afición por lo excéntrico, y, en este sentido, busca su propia integración. Debido a que conoce a exotistas y comparte los criterios que apoyan descripciones como las que se ven en las últimas líneas del párrafo, Recaredo, en su adoración por la emperatriz, refleja la objetivización del otro al describirlo con "grandes bocas de batráceos [...], con faces hoscas".

Sin embargo, este relato no conduce a una fructífera producción sino que más bien ilustra las amenazas que la rodean. Como hemos visto, la admiración de Recaredo trae consigo la improductividad y corta las posibilidades de respuesta de la producción artística. El arte apropiado sin transculturación se convierte en agente de dominación. La reacción de Suzette a esta situación, que es romper la estatua, plantea una respuesta particularmente agresiva pues destruye simbólicamente todo rastro de dominación y dependencia.

El inesperado protagonismo de Suzette añade un elemento nuevo a este cuento, en comparación con otros: la participación de la mujer en el acto de respuesta. A diferencia de relatos como "El pájaro azul" y "Arte y hielo", en los que el artista rompe su sujeción al arte y desafía al centro como sujeto colonial, en "La muerte de la emperatriz de la China" la mujer destruye todos los lazos. Esta circunstancia llama la atención, pues articula la ruptura de una relación de sujeción conyugal (la mujer altera el orden establecido por el marido) con la disolución de las dependencias culturales (el artista/sujeto colonial dependiente del centro hegemónico). Pese a que existan ciertas excepciones, un rasgo característico de la obra de los modernistas es presentar a las mujeres como fuente de inspiración, como musas, y no como agentes de la acción narrativa.[8] La falta de participación femenina puede atribuirse a la tradición del siglo XIX, que insistía en ver en la mujer una representación de la tierra en las novelas fundacionales. Ahora bien, cuando se trata de una respuesta contrahegemónica, la mujer aparece como una figura atrapada por lazos similares a los que atan al sujeto colonial con respecto al centro; de ahí que, en este relato dariano, la respuesta de Suzette adquiera un valor particular. Su reacción como individuo marginalizado por su marido es "responder" ante la situación al romper la relación entre Recaredo y la figura.

La respuesta de Suzette hace reaccionar a Recaredo como artista y le recuerda su papel verdadero como parte del proceso de creación de una identidad nacional. El proyecto fundacional, simbolizado por la productividad del artista, resume su cauce ideal en el último párrafo: "Y cuando comenzó la ardiente reconciliación de los labios, en el saloncito azul, todo lleno de regocijo, el mirlo, en su jaula, se moría de risa" (241).

La figura del otro, que promueve una reacción de respuesta, adopta diferentes formas en los relatos darianos, para terminar convirtiéndose en motivo artístico. Si bien en "La muerte de la emperatriz de la China" el otro (cultural y físico) aparece como motivo y razón para bloquear una respuesta, en relatos como "En Chile", el otro adquiere valor plástico y se convierte en materia prima de la respuesta contrahegemónica.

Esta colección de viñetas representa el tipo de textos que justifican la afirmación de Pérus, que considera a Darío como el portavoz de "la clase en el poder" (108), pues presenta la sociedad de su época y la modernidad misma como un resultado de políticas liberales orientadas hacia la producción y lucro.[9] De hecho, Pérus llega a de-

---

[8] Si bien no ocurren frecuentemente en la obra de Darío, pues otra excepción es Lesbia, de "La ninfa", otros modernistas favorecen una imagen casi nietzscheana de la mujer como dueña de su propio destino. Ejemplos son algunos personajes femeninos de Rafael Arévalo Martínez, así como la protagonista de la novela de Martí *Lucía Jeréz*, igualmente voluntariosa.

[9] "Darío no concibe al poeta de otro modo que como *chantre* de la clase en el poder; y como ésta ostenta en aquel momento histórico de América Latina una etiqueta liberal, nada más 'natural' que el liberalismo sea objeto de glorificación por parte del vate señorial. Desplazamiento ideológico explicable en virtud de la misma autonomía relativa del quehacer intelectual, que hace que el escritor no se perciba

cir que las enumeraciones en los poemas darianos reflejan su conciencia social (123) pues trazan una línea que distingue, mediante la posesión de estos mismos objetos, las diferencias entre niveles sociales. Sin embargo, en el caso particular de "En Chile", la acumulación de objetos tiene una finalidad muy diferente: Darío sigue la modalidad discursiva de los "cuentos parisienses" que conoce, en los cuales la enumeración funciona basada en la metafísica de la presencia, como una evocación de la idea de producción, abundancia y prosperidad modernas.[10] Además de esta estrategia discursiva, Darío se vale del discurso paródico (cuyo referente aquí es el poema en prosa) para formular una respuesta intelectual al centro hegemónico en la cual articula la producción, la apropiación del discurso y el encuentro con el otro.

Si bien en los relatos anteriores el otro se articula con la producción y la respuesta cultural, "En Chile" presenta al otro como el producto final, que es objeto artístico. Mientras la figura del otro en "La muerte de la emperatriz de la China" ejerce un efecto negativo sobre la producción, y en "Arte y hielo" cataliza la respuesta, en esta colección de estampas Darío enfatiza la idea de la otredad al colocarla en el centro de la producción misma como referente de la representación artística. Así, al convertirse en vehículo de la agenda contestataria da lugar a una situación particular de respuesta en la que el creador se aleja del centro hegemónico a fin de producir su propia respuesta contrahegemónica. Así es como "Ricardo, poeta lírico incorregible" huye del centro y parte "a la caza de impresiones y en busca de cuadros" (221).

Como motivo o pretexto de la producción, el otro aparece reflejado en las observaciones metaliterarias de Darío. Al ser objetivizado en estas observaciones, el otro se revela como parte de una agenda gramatológica dentro de la cual no sólo cabe la idea de producción de obras como respuesta cultural, sino también la naturaleza contestararia de la producción, manifiesta a través de las apropia-

---

como un portavoz de una clase en particular, sino como intérprete 'independiente' de ciertos 'ideales' y valores, suficientemente mistificados a fin de que puedan cumplir... su misión de expresar, pero ocultando su raíz, los intereses de determinada clase social" (Pérus 108-109).

[10] Ejemplos del uso de la enumeración son los poemas "Sonatina" y "A Margarita Debayle". Además, la enumeración de bienes en "El Rey burgués" refleja la actitud dariana ante el consumismo burgués, que no satisface las necesidades espirituales como lo haría el Arte.

ciones de categorías culturales. De este modo se encuentra que los juicios, símiles y otras anotaciones metaliterarias de Darío dentro de "En Chile" vienen a reflejar su intención de representar la capacidad del sujeto ex-céntrico (el "poeta lírico incorregible") para nivelar su arte con el del centro (respuesta) creando un grupo de objetos artísticos (producción) basado en las categorías hegemónicas (apropiación). Al articular estos tres elementos, las alusiones metaliterarias y artísticas de Darío adquieren un nuevo valor como vehículos de respuesta y subversión. Así comprendemos que, en su caminata, el poeta encuentra una "casita como hecha para un cuento dulce y feliz" (223). La aparición de "una de esas viejas inglesas, únicas, solas, clásicas, con la cofia encintada, los anteojos sobre la nariz, el cuerpo encorvado, las mejillas arrugadas [...] y salud rica" es calificada por Darío "como extraída de una novela de Dickens" (223). La naturaleza que rodea al poeta y a las imágenes que se propone plasmar en literatura aparece como una obra de arte en sí, reflejo de una serie de apropiaciones que confieren a la naturaleza un valor artístico, equivalente a "lo artificial" mencionado por Baudelaire:

> Luego todo era delicioso [...] aquellos rosales temblorosos que hacían ondular sus arcos verdes; aquellos duraznos con sus ramilletes alegres donde se detenían al paso las mariposas errantes llenas de polvo de oro, y las libélulas de alas cristalinas e iridisadas; aquel cisne en la ancha taza, esponjándose el alabastro de sus plumas [...]. (223)

Llama la atención ver en esta cita la mención de elementos de abundancia o profusión, que también traen consigo la idea de producción. Por ejemplo, las "mariposas errantes llenas de polvo de oro", las "libélulas de alas cristalinas e iridisadas" y los cisnes "esponjándose el alabastro de sus plumas". Además de invocar abundancia y productividad, también nos recuerdan otra calidad de la modernidad según Baudelaire: su artificialidad. En suma, la noción de que un signo clave de la modernidad es la capacidad de recrear o reproducir la realidad en los términos que desea el artista.

El aspecto subversivo se disfraza de ironía, especialmente cuando Darío menciona el nombre de Victor Hugo asociado con asnos que "ramoneaban sacudiendo sus testas filosóficas" (224). Además de apropiarse del nombre de Victor Hugo, evocado por la calidad de sus poemas líricos, Darío pasa a describir al otro que tiene ante sus ojos parodiando el discurso hegemónico y utilizando categorías del centro. Este detalle se observa al describir a los campesinos chilenos, usando el término "huasos" con una comparación clásica que los convierte en "toscos hércules que detienen un toro" (224). Así, al valerse de un discurso que mezcla elementos de la naturaleza criolla y de su experiencia intertextual, Darío presenta una imagen contestataria que también subvierte las categorías del centro.

Sin embargo, el rasgo esencial de "En Chile" es su "traducción" de valores plásticos a imágenes literarias. Esta traducción, comparable a la sugerida por Baudelaire en su ensayo, y a la que Barthes, con su noción de textos escribibles, propone una adaptación de categorías culturales que, de otro modo, bajo circunstancias diferentes, serían mutuamente exclusivas: por ejemplo la vida chilena y las obras de Watteau. "[L]os misterios de un tocador" evocan escenas cortesanas de la misma manera que el clavicordio pompadour refiere al lector a la Francia del siglo XVIII. En este caso, la comparación entre la dama chilena y "[u]na marquesa contemporánea de dama de Maintenon, solitaria en su gabinete" (230) intenta equiparar (y responder) imágenes del margen y del centro. El otro, que en este caso es la dama chilena, no sólo está en el centro de la respuesta sino constituye el eje principal: la dama chilena, retratada verbalmente por Darío, trae a la mente una imagen comparable con las producidas por el centro hegemónico (las pinturas de Watteau). El otro se convierte en centro de la respuesta, alterando, como afirma Kadir, la "uniformidad hegemónica" con un acto de rebelión reflejado por la conciencia que Darío tiene del otro como referente artístico y como lector (Kadir 5).

No se debe dejar de lado el aspecto fundacional, que reaparece en el erotismo de la prosa dariana. Así como en "La muerte de la emperatriz de la China" se enfatiza el valor del matrimonio de Suzette y Recaredo ante el peligro de la figura "intrusa", cuya muerte restablece la paz en el hogar, en la serie de poemas en prosa de Ricardo, la caracterización de la mujer como el ideal trasciende las fronteras de lo material para convertirse en símbolo de una unión armónica con el arte. La mujer de la que se enamora Ricardo es como "una estatua antigua con un alma que se asomaba a los ojos, ojos angelicales, todos ternura, todos cielo azul, todos enigma" (*Azul...* 234). Llevado por la "promesa ansiada del amor hermoso", Ricardo, el poeta, creador y productor, asocia su visión de la mujer ideal con el valor del arte, que es el vehículo por el cual expresa su respuesta (producción). En otras palabras, la identificación de mujer y arte, ambos medios de producción, se sitúa al mismo nivel que la creación de una identidad y una nación; si bien el arte contribuye en la construcción de una gramatología de identidad, la mujer, dentro de esta visión patriarcal, es parte vital en la creación de una "nación" como entidad geopolítica, pues, al igual que el arte, es necesaria para la "producción" de ciudadanos.

En el relato "La ninfa", otro que Darío subtituló "cuento parisiense", y que Mapes analiza someramente (39-40), se observa la misma articulación de producción, respuesta y apropiación de categorías culturales que aparece en otros relatos darianos. En "La ninfa" Darío enmarca el encuentro de un poeta con una presunta ninfa en un ambiente idílico y, a la vez, altamente crítico: el castillo de una actriz, que sirve de punto de reunión para un grupo de individuos singulares, como científicos y artistas. Esta vez, sin embargo, la narración adquiere un cariz peculiar, pues Darío aprovecha el pasado utilizable ya mencionado para construir una crítica contra "aquellos-que-no-comprenden" mediante un sistema alterno que involucra la producción y la apropiación de categorías culturales. En el caso en cuestión, el poeta, que comparte su marginalidad con otros invitados y artistas, se vale de una categoría cultural como lo es la "ninfa" para restaurar vigor a su producción que, a la vez, "responde" al influjo cultural que recibe en su visión de la ninfa.

Los aspectos de producción, apropiación, otredad, respuesta y complicidad emergen al observar el curso del relato. En el inicio, Darío presenta una versión transtextual o idealizada de su *locus amœnus*: "el castillo que últimamente acaba de adquirir Lesbia" (168), en cuyo parque vuelan gorriones, florecen rosas de diversos colores y ricos perfumes, entre árboles, estatuas, jardines, pórticos y estanques (172). Igualmente idealizada y convertida en parte de un universo autónomo es la reunión que describe, que gira alrededor de Lesbia, "nuestra Aspasia, quien a la sazón se entretenía en chupar, como una niña golosa, un terrón de azúcar húmedo, blanco entre las yemas sonrosadas" (168). Los asistentes, añade el narrador, "[é]ramos todos artistas, quién más, quién menos; y aun había un sabio obeso que ostentaba en la albura de su pechera inmaculada el gran nudo de una corbata monstruosa" (168). Con esta ambientación se inicia una discusión sobre la existencia de diversos seres mitológicos, que el sabio dirige pese a las risas de los concurrentes. La extensa colección de datos, matizada con referencias librescas que éste recita, sirve a Darío para criticar tanto a la ciencia como a los que creen en ella sin cuestionarla. Sin embargo, el logocentrismo manifiesto a través del discurso "científico" es cuestionado inmediatamente por el poeta y las actrices, contrapartes artísticas del sabio digresor:

> –¡Oh!–exclamé–¡para mí las ninfas! Yo desearía contemplar esas desnudeces de los bosques y de las fuentes, aunque, como Acteón, fuese despedazado por los perros. ¡Pero las ninfas no existen!
> Concluyó aquel concierto alegre con una gran fuga de risas, y de personas.
> –¡Y qué!–me dijo Lesbia, quemándome con sus ojos de faunesa y con voz callada, para que sólo yo la oyera–¡las ninfas existen, tú las verás! (172)

Sin reparar mucho en el ofrecimiento de la actriz, Darío continúa su relato; el poeta se pasea por la propiedad de la actriz, disfrutando de los encantos del lugar hasta que se da el prometido encuentro con un ser mitológico, procedente de un pasado utilizable en la elaboración de una literatura (o una gramatología). Una ninfa emerge del centro de un estanque, ante los ojos del poeta, asustando cisnes y formando un cuadro que el narrador describe en términos fundacionales, pues la ninfa no sólo es una inspiración artística sino también objeto erótico:

> La cadera a flor de espuma parecía a veces como dorada por la luz opaca que alcanzaba a llegar por las brechas de las hojas. ¡Ah! yo vi lirios, rosas, nieve, oro; vi un ideal con vida y forma y oí, entre el burbujeo sonoro de la linfa herida, como una risa burlesca y armoniosa que me encendía la sangre.
> De pronto huyó la visión, surgió la ninfa del estanque, semejante a Citerea en su onda, y [...] corrió por los rosales [...] y quedé yo, poeta lírico, fauno burlado, viendo a las grandes aves alabastrinas como mofándose de mí... (173)

Darío, al describir a la ninfa de su visión, presenta una imagen femenina similar a la de la viñeta final de "En Chile", en la que la mujer es percibida como encarnación del "ideal" y medio para la formación de una nación. El erotismo dariano alude no sólo a la unión con el "ideal" sino también, como respuesta, incluye la productividad. Así como el arte propicia una respuesta y permite la construcción de una identidad, la mujer, representativa de lo ideal, provee los elementos para la construcción de una nación, que, unidos a los aspectos que aluden a la artificialidad y producción, señalan la contrastante modernidad entre el poeta y la ninfa. Con todo, este doble objetivo de producción y reproducción se aprecia desde la oración final de las "Palabras liminares", en donde la exhortación a la creatividad aparece en términos sexuales: "Y la primera ley, creador, crear: Bufe el eunuco. Cuando una musa te dé un hijo, queden las otras ocho encinta" (*Profanas* 12).

Si bien, por un lado, la mujer aparece descrita en términos de *jouissance*, por el otro, como ha observado Mapes (40), esa misma sexualidad tiene matices religiosos, y conlleva una especie de misión u objetivo trascendente. La dualidad contenida en la caracterización del principio femenino recuerda la misma dualidad de la estética de Baudelaire (180), en la que la razón y el cálculo son instrumentales en la creación de la belleza. El hecho de que la caracterización de personajes femeninos en Darío esté relacionada, de una u otra forma, con la idea de lo inalcanzable, confirma la dualidad y consecuente tensión en el discurso, así como explica la comparación de la ninfa (real y existente, según el universo de ideas del relato) con el ideal de belleza. Sin embargo, esta misma semejanza de la ninfa con el ideal también abre la posibilidad de realizar la meta que se consideraba imposible; en otras palabras, si la ninfa es "un ideal con vida y forma" es posible "producir" una respuesta derivada de su imagen. La sexualidad de la ninfa, que le "encendía la sangre" al poeta, participa del discurso fundacional, pues el autor inspirado por ella, producirá obras literarias como "poeta lírico".

Al final de "La ninfa", Darío vuelve a la ambientación inicial, en la que una reveladora conversación le diera un tema al relato. Sin embargo, en la conversación del final, en la que se encuentran los mismos individuos de la discusión inicial sobre la existencia de los seres mitológicos, Lesbia, la anfitriona, junto con el poeta y el lector participan en un acto que transgrede la retórica convencional, pues establecen lazos de complicidad explícita con el lector. Sólo Lesbia, el poeta y ahora el lector saben que el poeta, efectivamente, ha visto una ninfa, mientras que los demás escuchan el anuncio con asombro:

> Y de repente, mientras todos charlaban de la última obra de Frémiet en el Salón, exclamó Lesbia con su alegre voz parisiense:
> —¡Té! como dice Tartarín: ¡el poeta ha visto ninfas!
> La contemplaron todos asombrados, y ella me miraba, me miraba como una gata, y se reía como una chicuela a quien se le hiciesen cosquillas. (*Azul...* 173)

El cuestionamiento de la ciencia se repite al final, pero esta vez involucrando al lector, que sabe ya de lo que Lesbia ha ofrecido al poeta sin que los otros escucharan (172). La ironía dariana, manifiesta en este rasgo de escribilidad, no sólo cuestiona la ciencia sino que, a la vez, apoya la acción individual y no la convención, la fe en lo legendario y universal en contra del cientificismo positivista, y con ella la validez de la experiencia y la sensibilidad sobre el intelecto y la erudición. El arte, eje de todas estas oposiciones, viene a ser vehículo cuestionador del poder, de la sociedad y de lo establecido. De forma similar, el artista, por ser representante de este poder subvertor y cuestionador, es marginalizado e incomprendido, pero compensa su exilio al crear un mundo paralelo, basado en los valores en que cree.

Darío, en su esfuerzo constante de responder y legitimizar lo latinoamericano como parte de lo universal, eleva Buenos Aires al nivel de "Cosmópolis", y se vale de la naturaleza intrínseca del arte como cuestionamiento para delinear una respuesta contrahegemónica que conduzca hacia una identidad artística latinoamericana. Si bien su considerable producción es un paso hacia esta dirección, era su interés que otros artistas, otros ex-céntricos como él, siguieran ese mismo camino para encontrar su propio estilo y definir el que caracterizaría la expresión latinoamericana. Por esa razón, en defensa de su credo artístico, sus técnicas y su incansable subversión de las formas en busca de la autonomía cultural que deseaba, Darío escribió:

> Creen y aseguran algunos que es extralimitar la poesía y la prosa, llevar el arte de la palabra al terreno de otras artes, de la pintura verbigracia, de la escultura, de la música. No. Es dar toda la soberanía que merece al pensamiento escrito, es hacer del don humano por excelencia un medio refinado de expresión, es utilizar todas las sonoridades de la lengua en exponer todas las claridades del espíritu que concibe. (*OD* 168-169)

Capítulo V

HACIA UNA RESPUESTA "LATINA" EN LOS ENSAYOS DE DARÍO

1. Variaciones críticas: de la "prosa poética" al discurso heterológico

Los ensayos de Darío son los parientes pobres de su obra literaria. Sin embargo, su complejidad no se esconde tanto tras su lenguaje, a la vez poético y exaltado, como lo hace mediante las alusiones y estrategias de enfoque del otro. En los ensayos periodísticos del período entre 1888 y 1898, Darío se yergue, precisamente, por escribir obras por las que nunca recibió el crédito que merecía como escritor hispanoamericano. Antes bien, tanto sus contemporáneos como muchos que le siguieron pasan de largo los ensayos periodísticos de Darío para acusarlo de escapista, elitista, y alejado de la realidad social y política de Hispanoamérica. La realidad no podía ser más distinta, pues Darío estuvo siempre profundamente identificado con el destino del continente; sencillamente lo expresaba de manera diferente. Sus ensayos, cuidadosas reproducciones de las estrategias aplicadas por la mente colonizadora sobre el sujeto colonial, reflejan la situación de su autor. Darío, como todos los modernistas, se encontró con una figura distinta, divergente y ajena a sí dentro de su territorio cultural: su propia identidad dual, como americano y como europeo. De este modo, como sus coetáneos, volvió sus ojos a la civilización occidental, sólo para encontrarse con que, como afirman tanto Paz como Fernández Retamar, América Latina era, por sí misma, una categoría aparte relacionada por mera dependencia con el Occidente. Como señala Fernández Retamar, por un lado, América, como territorio "occidentalizado", había sido despojado de su identidad original ("América" 38). Por el otro, por haber "perdido el paso", como señala Paz, los latinoamericanos adquirieron la notoria calidad de ex-céntricos, y por lo tanto, excluidos del ritmo de avance de Occidente (Bayón 23-24). Al darse cuenta de su exclusión y de la confrontación con el Occidente pese a ser parte de América ("América" 37, 36), los modernistas latinoamericanos, y con ellos Darío, transmutaron los vínculos que habían creado con Europa para convertirlos en rasgos diferenciales; así, las "correspondencias" se trasfiguraron en elementos sincréticos, las contradicciones internas se hicieron rasgos propios, y la visión del otro como un ente externo cambió para centrarse en la dualidad expresada en la anáfora cultural.

Una vez ejercidos estos cambios, el otro al que se dirigían los modernistas se convirtió en un elemento dual, pues estaba tanto dentro de la misma idiosincrasia latinoamericana, así como fuera y lejos, en Europa y Estados Unidos. Si bien un combate abierto no se presentaba como la alternativa más productiva–huelga recordar que estos autores escribían en "la lengua del imperio", aunque no con su lenguaje–la opción que les quedaba abierta, que era adoptar un discurso heterológico para crear una identidad sincrética propia, se presentaba como la más factible para construir una respuesta. Tomando en cuenta estos criterios, la actitud política y cultural de los ensayos de Darío busca y explota las áreas de articulación o zonas de contacto, a fin de presentar una respuesta coherente al discurso colonial. Al mismo tiempo, como resultado de estas exploraciones, emerge una gramatología que cumple con construir una identidad artística, y crea una imagen cultural representativa de América Latina.

En su acercamiento al otro, en su creación de un discurso heterológico, Darío parece seguir las actitudes de algunos cronistas coloniales–después de todo, su propósito también era describir un *locus amœnus*. Tanto Rolena Adorno como Tzvetan Todorov analizan estas actitudes y describen pautas similares a las que Darío, posteriormente, seguiría en sus ensayos de respuesta. Adorno, por ejemplo, señala la influencia de otros textos (en particular novelas de caballería) en la representación del sujeto colonial ("Subject" 151) en los que el otro se integra dentro de una cadena de percepciones y es descrito de acuerdo con criterios de otro individuo (149). Esta percepción, impuesta por otros textos, lleva a que los cronistas, influidos por lo que Hutcheon denomina "textualizaciones de la experiencia" (129), perciban al otro siguiendo imágenes idealizadas. Como afirma Adorno, el tráfico cultural entre españoles e indígenas americanos se vio afectado por las percepciones del sujeto colonial que surgieron de textos preexistentes, creando una alteridad basada en imágenes aunque afectada por una lógica falaz. Por un lado Adorno apunta que: "[t]he values of military and chivalric culture constituted the standard by which the Europeans, on one hand, and the Amerindians on the other, evaluated the intentions, conduct and merits of the other group" ("Subject" 152).

Por otro, Adorno observa que los textos presentan imágenes de seres débiles y crédulos, ingenuos y cándidos, que, por su semejanza con la imagen de las mujeres en los textos de caballería, deben ser tratados como tales:

> Like women and children in Europe, the Indians of America were considered to be given over more to emotion than to reason, inclined more naturally toward sensuality than to the sublime. The Amerindians, like women, required constant supervision and instruction. (159)

La comparación de los indígenas americanos con las mujeres europeas que encuentra Adorno en los textos coloniales destruye el razonamiento que apoya la superioridad de los europeos, pues en lugar de basarse en una diferencia–en la otredad de los indígenas–enfatiza la similitud con lo conocido–las mujeres europeas. Darío, siguiendo una estrategia análoga, subvierte la noción de superioridad en sus ensayos contrahegemónicos al colocar a igual nivel lo europeo y lo latinoamericano, y después señalar las diferencias internas que resaltan de esta equiparación y que construyen una identidad cultural propia. El objetivo de sus ensayos es tanto articular una respuesta cultural, como forjar una imagen e identidad cultural para Hispanoamérica. Cada uno de estos objetivos aparece en su obra como una constante, aunque apuntalado mediante muchas de las nociones favoritas de Darío, como la objetivación del lenguaje y la glorificación de una nueva identidad alterna: la latina.

Con todo, estos aspectos de la escritura dariana no se han sobrepuesto a la influencia de críticos como Max Henríquez Ureña y Enrique Anderson Imbert, entre otros, para quienes los artículos darianos constituyen más bien curiosidades estilísticas, aunque ni Henríquez Ureña ni Anderson Imbert ignoren la manera en que la voz poética de Darío se filtra en sus textos. Debido a esta circunstancia, las opiniones en torno a los ensayos de Darío son variadas y, a menudo, contradictorias. De este modo se comprende que Henríquez Ureña, al escribir sobre la obra y credo estético de Darío lo coloque en situación dependiente con respecto a la literatura europea. Henríquez Ureña no sólo afirma que los prólogos darianos reflejan una agenda de autopromoción, sino que también se une a la famosa crítica de Valera al afirmar que el afrancesamiento dariano era una etapa transitoria que el autor nicaragüense superaría para convertirse en un escritor consciente de su identidad cultural. Llevado por estos criterios Henríquez Ureña escribió:

> Hay en el prefacio [de *Prosas profanas*] otras declaraciones en las que Rubén asume una *pose*, no siempre de buen gusto: habla de su espíritu aristocrático y de sus manos de marqués... Todo esto es *pose* que desaparecerá más tarde, cuando Darío asuma la voz del Continente y sea el intérprete de sus inquietudes e ideales. (97, énfasis original)

Mientras Henríquez Ureña excusa los "exabruptos" darianos y categoriza su alusión al indio y al marqués como un arranque juvenil, Anderson Imbert señala la riqueza del lenguaje al notar la capacidad de los modernistas para realizar una síntesis mental de lo parnasiano, lo romántico y lo simbolista (15). Mediante una prosa que calificó de poética, Anderson Imbert observa en los ensayos de Darío

> palabras de todas las provincias, épocas, géneros y autores de las Españas; palabras conquistadas a lenguas vivas de naciones extranjeras y a lenguas muertas de libros clásicos; palabras que, a una voz de mando, salen con aire marcial y neologístico para explorar rutas. (245)

Esta simultaneidad y convivencia de categorías tan alejadas entre sí llevó a muchos críticos a pensar que los ensayos darianos pueden caracterizarse como una fusión o disolución de géneros; de hecho, es la tesis que propone Anderson Imbert (245). Rasgos estilísticos como el uso de imágenes insólitas, la articulación de ideas en términos artísticos, la conciencia del lector que Darío manifiesta y su técnica para entremezclar diferentes estilos de escritura son rasgos que revelan una deliberada combinación de elementos contradictorios que produce, a su vez, un efecto de síntesis y sincretismo.

Pese a que sus opiniones pueden parecer ahora demasiado subjetivas, generales y determinadas por criterios que aíslan la producción literaria de su contexto, tanto Anderson Imbert como Henríquez Ureña establecieron pautas canónicas en el discurso crítico sobre Darío. Otras perspectivas, como las de Ángel Rama, Iris Zavala y Octavio Paz (entre otras), de naturaleza filosófica y cercanas a la crítica cultural, abren vías alternativas para continuar la apreciación de la obra de Darío. Sin dejar de lado los elementos del discurso crítico canónico, estos diferentes enfoques críticos se acercan a la obra dariana para estudiar cómo responde a los planteamientos de la modernidad, y los medios de que se vale para establecer una demarcación entre el yo-cultural latinoamericano y el otro hegemónico.

Las percepciones críticas que llevan a esta apreciación son consistentes en un aspecto vital: la dualidad (o conjugación) de elementos que se hace patente en la obra de ensayo de Darío. Si bien los juicios canónicos no dejan de establecer "correspondencias" que apuntan a "dependencias", las lecturas posteriores establecen cómo estas correspondencias (antes percibidas como influencias) sirven para erigir una conciencia autónoma, mediante la apropiación de elementos culturales.

Sin embargo, más que un "acento americano", más allá de las alusiones al estilo, al afán de universalidad mencionado por Paz (*Cuadrivio* 12) y de la perspectiva continental a la que alude Pacheco (xiv), existe una conciencia articulada en términos culturales. El lector que los modernistas tienen en mente es un cómplice, un interlocutor, un individuo que responde y se identifica con la vasta "harmonía de caprichos" (sic) por estar también atrapado en una red de ambigüedades cuyas respuestas se encuentran en referentes que todavía no han sido creados dentro de su entorno cultural. Este lector, al igual que los autores que lee, busca relaciones, puentes, analogías que otorguen legitimidad a su identidad, y su búsqueda lo lleva a establecer los "puentes" que otros llamarán "correspondencias", entre su ámbito socio-cultural y el europeo.

Considerando esta idea del archi-lector modernista, viene al caso la observación de Ivan A. Schulman, para quien la aparente "harmonía de caprichos" observada por Anderson Imbert y Henríquez Ureña, sólo ha dado lugar a juicios que parecen:

cegados con frecuencia por la rutina crítica y un *eurocentrismo* cultural, [pues] no han examinado el desarrollo de la expresión modernista en el contexto de una producción *latinoamericana*, concebida como auténtica, y no como extensión o trasunto de la *europea*. (Schulman, "Literatura" 76, énfasis original)

Así pues, el problema que representan los juicios de Henríquez Ureña y Anderson Imbert es que no intentan ver más allá de las relaciones creadas por Darío. Es más, ambos críticos enfatizan el valor de las relaciones, con lo cual no pueden ver el sistema literario hispanoamericano de manera más abarcadora, y no, como indica Schulman, "como trasunto" de la producción cultural europea.

Estos análisis de estilo y énfasis en la dependencia de lo europeo no reciben la misma atención en la valoración crítica de los ensayos modernistas que ofrece Iris Zavala. Aunque en su análisis de los ensayos darianos Zavala conjuga las observaciones de Anderson Imbert con respecto a la prosa poética, así como recoge los conceptos sobre su efecto literario, histórico y social, también plantea la obra renovadora de Darío en la prosa al mismo nivel que el de sus renovaciones en la poesía, al crear "sincretismo y 'mestizaje' cultural, que incorpora, con su propia lógica, elementos propios y elementos europeos (no sólo franceses), que concilia" (Introducción 9-10).

Partiendo de la premisa de que los ensayos darianos son intentos de responder las preguntas sobre la modernidad y sus efectos, Zavala define su punto de articulación de "respuestas" a la situación cultural de América Latina: el "punto de intersección [entre Darío y la modernidad y sus problemas inherentes] es no sólo la renovación técnica del lenguaje sino su movilización al servicio de una realidad modificada y distinta" (10). La nueva realidad aquí aludida se encuentra, por decirlo así, a caballo entre un pasado idealizado y el problemático presente moderno, lo cual estimula a Darío a encontrar nexos suficientemente fuertes entre ambos y así basar en ellos su proyecto de respuesta no sólo al centro sino a las cuestiones planteadas por la modernidad misma. Partiendo de esta necesidad es que, según explica Zavala,

> Rubén articula históricamente el pasado en sus ensayos y artículos periodísticos, para que hoy, los que recibimos su patrimonio (ya de la tradición, ya de la "industria cultural" como diría [Theodor] Adorno), intentemos evadir, tal vez con más energía que

él, ser convertidos en instrumento de la colonización o de las ideologías de la clase dominante. El nicaragüense, y otros modernos, intentaron introducir la sospecha y crear un discurso cultural emancipatorio en su momento histórico... (10)

Este elemento crucial, la "sospecha", encierra la intención básica de Darío en sus ensayos; basado en el espacio que surge entre el pasado utilizable y el presente moderno, Darío inserta cuestionamientos a fin de reacentuar conceptos y categorías generales. Apoyándose en el surgimiento de términos definitorios para el continente americano de habla española, Darío, mediante sus viajes textuales, otorga nuevo valor y sentido a términos como "*patria, país, nación, moderno, poesía, arte, prosa, democracia, soneto, urbe, misterio*" (18, énfasis original).[1] Zavala señala cómo el tráfico de términos llega a producir un efecto semántico (o epistemológico) cuando añade que, en virtud de la reacentuación,

> [e]stos bienes culturales–las palabras–se desplazan, se mezclan, se recuperan y adquieren los usos más inesperados. Mundo nuevo, es decir, mundo urbano; es decir, cosmópolis. Las transferencias culturales son como vastas mercancías de bienes tangibles–el vocabulario, las palabras, las formas–llenas de nuevas ideas, de nuevos sentimientos, incluso de nuevas técnicas. (18)

Una vez llevada a cabo la operación de llenar "odres viejos con vino nuevo", es decir, llevar a cabo la alteración semántica de los términos que definen la cultura, Darío crea un espacio dentro del cual se da una "relación crucial entre lo americano y lo universal [que] se mantiene dentro de una concentración absoluta de equilibrios y desequilibrios" (19). Al mismo tiempo que este espacio fomenta la intertextualidad que otros críticos han observado (particularmente cuando hablan de "correspondencias"), inicia una relación dialógica entre artes, literaturas y culturas, dentro de lo que Michel de Certeau denomina discurso heterológico (xx-xxi): un discurso sobre el otro, en el cual el generador del discurso encuentra reflejada su propia imagen. El texto mismo opera como "reorgani-

---

[1] Según Zavala: "[c]onviene recordar que, en estos momentos, se comienza a definir lo americano: *Latinoamérica*, luego *América Latina*, con otras variantes, Iberoamérica, *Hispanoamérica* y la martiana *Nuestra América*" (Introducción 12).

zador de espacios" y permite la aparición de un nuevo contenido (Certeau 68), un otro cultural. Como explica Certeau:

> The text accomplishes a spatializing operation which results in the determination or displacement of the boundaries delimiting cultural fields (the familiar vs. the strange). In addition, it reworks the spatial divisions which underlie and organize a culture. For these socio- or ethno-cultural boundaries to be changed, reinforced or disrupted, a space of interplay is needed, one that establishes the text's difference, makes possible its operations and gives it "credibility" in the eyes of the readers, by distinguishing it both from the conditions within which it arose (the context) and from its object (the content). (67-68)

En este caso, el contenido, el objeto aludido o enfrentado, surge del espacio creado entre los polos de un mensaje, sean éstos emisor y receptor o autor y lector; los puentes o "correspondencias" resultantes se convierten, luego, en medios que indican el valor de las similitudes y la importancia de las diferencias entre los términos comparados–arte y artista, poeta y sociedad, margen y centro. La creación de vínculos o "correspondencias" obedece a la necesidad de definir el yo-cultural (desconocido) por contraste con el centro (conocido), según observa Boon.[2] Prueba de esta operación es que Zavala, en su estudio sobre los ensayos darianos, define el término de comparación del que se valió Darío, que es una creación del centro, una categoría cultural: la modernidad. En respuesta, Darío, como "voz" del margen, define su propia versión de lo "moderno", que, según observa Zavala, "sirve para mencionar siempre la historia, la nueva historia. Su objetivo: la novedad, cualidad independiente del valor de uso" (Introducción 13).

Los vínculos, motivos, movimientos, enlaces o puentes entre el centro y el margen son un rasgo nuevo, vital y controversial, pues desafían lo establecido, rebasan los límites de lo permitido y se plantean como un reto al otorgar valor a la existencia del otro, lo ajeno al centro pero que, con toda su alteridad, deriva sus condiciones e identidad de un contraste con el centro. Las manifestaciones

---

[2] "The comparison of cultures requires not that we reduce them to a platitudinous similarity but that we situate them apart as equally significant, integrated systems of differences. A 'culture' can materialize only in counterdistinction to another culture" (Boon ix).

discursivas de este reconocimiento del otro, la prosa poética, con sus puentes y espacios, vienen a representar, hasta cierto punto, una homogeneización que subvierte el discurso hegemónico (Kadir 5). Partiendo de esta premisa se puede afirmar que la representación de lo *nuevo* (lo otro) constituye el "acento americano", el gesto de rebeldía similar a la que propugnara Martí en las letras y en las obras, y cuya culminación sería la ruptura con la "retórica tradicional" (Henríquez Ureña 52).

Sin embargo, para los latinoamericanos, la rebelión va más allá de ser una crítica o un desvío del canon pues, como afirma Davison, mientras el español puede rebelarse contra su tradición y sociedad, "cuando se rebela el americano, reacciona contra una cultura que ya no considera totalmente suya" (45). Por esta razón, la forzosa observación y descubrimiento del otro, planteada en la espacialización del discurso heterológico, establece un primer paso: la creación de un yo-cultural contra el cual se puedan plantear cuestionamientos. Es a partir de esta noción de cultura y expresión propias que Darío y sus contemporáneos sientan las bases de la conciencia e identidad latinoamericana.

La ruptura o brecha entre lo tradicional y lo moderno ocurre dentro del espacio mencionado por Certeau, y permite dar el paso inicial de separar el margen del centro. A diferencia de la narrativa, el ensayo, por su naturaleza, su carácter reflexivo y su desarrollo, es concéntrico y no lineal; su referente no es externo. Si se parte de la idea de que el emisor del discurso es, en este caso, un sujeto dividido que se ve forzado a encontrar al otro para definirse a sí mismo, es plausible establecer que el discurso resultante sea igualmente dividido, dual, igualmente consciente de su otredad intrínseca. Ahora bien, al considerar tanto el carácter como los antecedentes del modernismo como expresión de la anáfora cultural latinoamericana y de su dualidad, se puede establecer que la afirmación de una identidad, la hispanoamericana, implica la negación de otra, la europea, en el yo-cultural. Tal como afirma Paz, este juego de máscaras lleva a la concepción de una "otredad interna" (*Postdata* 111), mediante la cual se enfatiza una parte de la identidad a costa de la otra. Es en virtud de esta "otredad interna" que el discurso dariano, en particular el de sus ensayos, profundiza los temas que Pacheco señala como vitales en la evolución del modernismo: el abandono de la actitud eurocéntrica y la adquisición de una identidad basada en el vínculo común de la lengua (xiv). La otredad interna, por lo tanto, más que una reflexión de tensiones culturales constituye una especie de contradicción esencial e innata, reflejada en monólogos de reivindicación, cultivo de imágenes preconcebidas e ignorancia de las realidades de cada interlocutor ficticio, no lector real (Paz, *Postdata* 64-65). De acuerdo con esta misma lógica, continúa Paz, la autopercepción es un resultado de la innata conciencia de la otredad, que, en el caso latinoamericano, está entretejida dentro de todos los actos diarios como "una percepción simultánea de que somos otros sin dejar de ser lo que somos y que, sin cesar de estar en donde estamos, nuestro verdadero ser está en otra parte" (*Arco* 267, 266). En una vena similar afirma Bhabha: "the 'other' is never outside or beyond us; it emerges forcefully, within cultural discourse, when we *think* we speak most intimately and indigenously 'between ourselves'" (*Nation* 4).

Si se considera el forzoso surgimiento del otro aun cuando se cree hablar y pensar "entre nosotros", se entiende que la dualidad cultural latinoamericana se manifestara en el discurso literario y crítico del siglo XIX como un discurso de doble voz. Paz explica el énfasis del discurso heterológico como coincidencia con la rebelión que para América Latina fuera el modernismo y, para explicar su valor cultural e intelectual, establece la analogía entre el modernismo y el romanticismo para ilustrar que, mientras el romanticismo fue un acto de liberación en Europa, "[e]l nuestro fue declamatorio y externo. No podía ser de otro modo; nuestros románticos se rebelaron contra algo que no habían padecido: la tiranía de la razón" (Bayón 23).³ En contraste con el romanticismo, la modernidad, como circunstancia socio-cultural, afirma Paz, "se inicia cuando la conciencia de la oposición entre Dios y Ser, razón y revelación, se muestra como realmente insoluble" (*Hijos* 48). Este dilema da pie para afirmar con Paz que el modernismo fue el romanticismo de Latinoamérica (*Cuadrivio* 18) por estar basado en una reacción y un despertar crítico que "se identifica con el cambio" (*Hijos* 50).

El otro, sin embargo, existe y persiste, al igual que la expresión propia, aunque sólo en la escritura, en los textos de una gramatología específica. En el caso de Darío, la gramatología latinoamericana que se proponía crear estaba basada en un proyecto de indepen-

---

³ El romanticismo, afirma Paz, se rebeló contra el neoclasicismo, mientras el modernismo, otro movimiento de rebelión, dirigió sus baterías contra el positivismo (*Hijos* 128).

dencia intelectual que sólo se realizaría por escrito, y con base en su intensa conciencia de la existencia de un otro ante quien tendría que definirse por contraste. De ahí que sus obras, y en particular sus ensayos, reflejen su conciencia logocéntrica y demiúrgica, y demuestran cómo las identidades culturales y literarias se forjan en la lectura y la escritura, así como en las estrategias y medios por los cuales se proyectan ambas actividades hacia un lector hipotético (Kadir xii). El punto en el que se encuentran el lector, el autor y sus culturas ha sido definido como "zona de contacto" por Mary Louise Pratt como

> social spaces where disparate cultures meet, clash and grapple with each other, often in highly asymmetrical relations of domination and subordination–like colonialism, slavery or their aftermaths as they are lived out across the globe today. (4)

Las zonas de contacto, a su vez, dan pie a la creación de textos en los cuales se produce o inventa un mundo particular (5). Los textos originados por estos encuentros no sólo reflejan una consciencia del otro sino que constituyen, por su propia naturaleza, respuestas al discurso colonial, que de acuerdo con Peter Hulmes, consiste en una serie de estrategias que revelan y enfatizan una relación colonial.[4] Las respuestas a este discurso, basadas en la conciencia del otro, se erigen como ideologemas, textos que llegan al nivel social como "expresiones colectivas o discurso de clase" (Jameson 80) y que incluyen dentro de sí la problemática de la cual emergieron (82), para contribuir, finalmente por escrito, en la creación de una identidad propia.[5]

Con su reacción ante las zonas de contacto, su respuesta al discurso colonial y su manifestación de la conciencia del otro, Darío da un paso significativo al presentar la problemática intrínseca de la

---

[4] Hulmes define el discurso colonial como "an ensemble of linguistically-based practices unified by their common deployment in the management of colonial relationships, an ensemble that could combine the most formulaic and bureaucratic of official documents–say the Capitulations issued by the Catholic Monarchs early in 1492–with the most non-functional and unprepossessing of romantic novels–say Shirley Graham's *The Story of Pocahontas*" (2).

[5] "[The text] articulates its own situation and textualizes it, thereby encouraging and perpetuating the illusion that the situation itself did not exist before it, that there is nothing but a text, that there never was any extra- or con-textual reality before the text itself generated it in the form of a mirage" (Jameson 82).

cultura latinoamericana como un proyecto realizable. Dentro de su plan de formación de una identidad, en lugar de confrontar al otro, Darío centra su atención en las diferencias que llevan a la construcción de un yo-cultural. Por ejemplo, en sus ensayos sobre los Estados Unidos, Darío se vale de la latinidad, rasgo compartido con España, para definir una identidad propia de Hispanoamérica. Luego, las "correspondencias" resultantes, que antes fueran vistas como influencias, emergen dentro de las zonas de contacto como reflejos de la conciencia de la otredad y del proyecto de respuesta que Darío articula en su obra. Las "correspondencias" se convierten en valores compartidos, mientras las diferencias emergen como los puntos de referencia más importantes, por ser elementos constitutivos y distintivos de los que se valdrá Darío en su proyecto de formación de la identidad cultural y artística de América Latina.

2. TÁCTICAS DE ENCUENTRO, ESTRATEGIAS DE RESPUESTA

Una vez que la percepción del otro y la respuesta al discurso colonial se convierten en parte vital de la construcción de un conjunto de textos propios que dan fe de la existencia de una cultura, los problemas por solucionar son la definición del otro y su relación con respecto al nuevo yo-cultural resultante de la identidad planteada por la existencia del texto. Con respecto a la primera parte del problema, Darío nunca vació al identificar a ese otro, cuya lejanía enfatizaba su otredad con la cultura colonial europea. Ahora bien, si en un principio Europa encajaba con la imagen del otro como lo ajeno, lejano y dominante, los Estados Unidos, y a raíz de la Guerra Hispano-Norteamericana, se convirtieron en combatientes y críticos de "lo latino" y surgieron así como un "otro" diferente, peligroso y amenazador. Como observa Roberto Fernández Retamar, Europa súbitamente recuperó la aceptación que antes había perdido, mientras que Estados Unidos, antes favorecido por pertenecer al continente americano, la perdió. Esta reacción, opuesta a la política imperante durante el siglo XIX, durante el cual Europa era repudiada y los Estados Unidos aceptados ("América" 50), marca una división clave en términos culturales. El "enemigo" de "colmillos de plata", el otro norteamericano, era parte del mismo Nuevo Mundo, pero al adoptar políticas imperialistas dividía la esencia cultural de la América Hispana y del proyecto de construcción de una identidad. Por esta razón los modernistas, y entre ellos Darío, establecieron nuevos vínculos con Europa, a la que veían como fuente de ingreso cultural, al mismo tiempo que le daban la espalda a los Estados Unidos, un país que encarnaba la modernidad tecnológica a la que los artistas, pese a sus convicciones, debían adaptarse. Esta situación, como afirma Paz, muestra que el antiimperialismo de los modernistas, lejos de ser partidista, obedecía a su conciencia de que los valores en juego eran dos actitudes diferentes. Una de ellas es la encarnada por la América de habla hispana; la otra, por la América de lengua inglesa. Así pues "[p]ara [los modernistas] el conflicto no era una lucha de clases y sistemas económicos y sociales, sino de dos visiones del mundo y del hombre" (*Hijos* 133).

Las dos visiones distintas provienen, esencialmente, de una tradición representativa orientada a la subyugación. Si por un lado, como explica Rolena Adorno, las imágenes impuestas por los españoles para concebir la existencia de los indígenas forjan lazos de dominación en el sujeto colonial, por otro, los presuntos dominados tienen la prerrogativa de transmutar su herencia cultural, convertir lo ajeno en propio, transculturarlo y utilizarlo como vehículo para una imposición similar. Esta operación crea "correspondencias" que posteriormente se convertirán en elementos sincréticos, contradicciones internas que se convierten en rasgos propios, y una visión del otro como un ente externo que cambia para centrarse en la dualidad expresada en la anáfora cultural.

Una vez ejercidos estos cambios, el otro al que se dirigían los modernistas se convirtió en un elemento dual, pues estaba tanto dentro de la misma idiosincrasia latinoamericana, así como fuera y lejos, en Europa y Estados Unidos. Considerando estos criterios, la actitud política y cultural de los ensayos de Darío aprovecha las áreas de articulación o zonas de contacto, a fin de presentar una respuesta coherente al discurso colonial. Al mismo tiempo, como resultado de estas exploraciones, emerge una gramatología que cumple con construir una identidad artística, y crea una imagen cultural representativa de América Latina.

En su acercamiento al otro, en su creación de un discurso heterológico, Darío parece seguir las actitudes de algunos cronistas coloniales–después de todo, su propósito también era describir un *locus amœnus*. Tanto Rolena Adorno como Tzvetan Todorov analizan estas actitudes en los cronistas coloniales, y describen pautas similares a las que Darío, posteriormente, seguiría en sus ensayos de respuesta. Así, los textos de caballería influyeron significativamente en la representación del sujeto colonial, al punto que los indígenas son representados como seres débiles y crédulos, ingenuos y cándidos, que, por su semejanza con la imagen de las mujeres en los textos de caballería, deben ser tratados como tales. Por su parte, Todorov, al mismo tiempo que considera estas textualizaciones, describe las estrategias de acercamiento al otro. Al analizar las actitudes y los acercamientos al otro, Todorov encuentra estrategias diversas que reflejan la transtextualidad mencionada por Adorno, así como también otras estrategias de entendimiento.[6] Al analizar los diversos medios de percepción y comprensión del otro, Todorov describe la transición ocurrida desde la narrativa de Cortés, matizada por su proceso de objetivización del otro en los términos siguientes:

> [T]he Indians have still not become subjects in the full sense of the word, i.e., subjects comparable to the I who contemplates and conceives them. They occupy rather an intermediate status in [Cortes'] mind: they are subjects, certainly, but subjects reduced to the role of producers of objects, artisans or jugglers whose performances are admired [...]. (130)

En contraste con las cartas de Cortés, la escritura de otros cronistas, como Diego Durán y Bernardino de Sahagún, se aleja de esta objetivización al mismo tiempo que, sin perder conciencia de su propia identidad cultural, abre el espacio necesario para el surgimiento del otro. Durán, por ejemplo, intenta suprimir su propia calidad de intermediario entre la llamada *Crónica X* y su *Historia de las Indias de Nueva España y Islas de la Tierra Firme* (escrita entre 1576 y 1581, pero no publicada hasta el siglo XIX), pero progresivamente olvida su papel de escriba, eco del historiador precolombino y creador de una especie de palimpsesto, para convertirse él mismo

---

[6] Vale recordar en este caso la estrategia textual recurrente en los textos coloniales: la comparación. El frecuente uso de la comparación en los escritos coloniales, de Colón a Cortés, adquirió valor como medio para otorgar legitimidad. Todorov observa en particular los términos en que los cronistas describen las ciudades, los valles, los edificios y otras singularidades, siempre vinculados con referentes europeos en función de su semejanza, superioridad o inferioridad. También indica Todorov la objetivización del otro patente en estas descripciones, pues el eje de las comparaciones se consagraba casi exclusivamente a objetos, y no a individuos, a menos que fuera en función de sus capacidades para producir bienes negociables (129).

en autor y fuente (Todorov 213, 205). Darío, en sus ensayos de respuesta, asume, hasta cierto punto, la misma actitud sincrética y conciliadora de Durán. Siguiendo los parámetros descritos por Todorov con respecto a la alteridad, Darío se transfigura en europeo de manera parecida a la de Durán, quien se transfigura en azteca por conocimiento y amor.[7] Ninguno de los dos pierde sus rasgos culturales esenciales, pero, en cambio, adquiere rasgos de la cultura ante la que se encuentra. Puede afirmarse, por analogía, que Darío, dentro de sus anhelos de modernidad y universalidad, reproduce en su respuesta contrahegemónica la adecuación y adaptación de elementos culturales que llevaron a cabo los indígenas como reacción a la catequización de Durán, al mezclar elementos de su antigua religión dentro de los rituales católicos que acababan de aprender. Sin embargo, y a diferencia de los indígenas, el sincretismo dariano se traduce en la "desritualización" del lenguaje, pues con ella Darío cuestionó las estructuras de poder, y, como indica Zavala, "apeló a nuevas doctrinas para apropiarse socialmente del nuevo discurso o lenguaje [que] terminó finalmente en una nueva ritualización, en otra institución" (Introducción 25).

La reacentuación de símbolos y renovación de la lengua son sólo algunas de las estrategias de respuesta de Darío, quien, en sus ensayos, replica de manera similar a las estrategias descritas por Adorno y Todorov, pero añade un elemento ausente en las crónicas coloniales: la conciencia de su diferencia, la certidumbre de formar parte de una comunidad cultural, intelectual y universal. En suma, aplica las imágenes impuestas, al mismo tiempo que se acerca, mostrando aprecio y comprensión, a una cultura que, por lejana que le parezca, también reclama como suya. Sus "armas" son, en esencia, las mismas que han recibido todos los autores de la tradición occidental: la noción del poder de la palabra, y la habilidad para manejar imágenes de valor simbólico.

---

[7] Todorov define tres ejes en los que se encuentran los problemas de la alteridad: el primero es el eje axiológico o de los juicios de valor; el segundo es el acercamiento o identificación con el otro, el nivel praxeológico. Finalmente se encuentra el nivel epistémico, que se refiere al conocimiento o desconocimiento del otro así como de la propia identidad. Todos estos criterios son variables y combinatorios (185).

3. Lenguaje, producción y latinidad: claves de la identidad

Si Zavala definió el modernismo latinoamericano como "una narrativa de liberación" (*Colonialism* 8), otros prefieren verlo como un cuestionamiento de todas las instituciones (Paz, *Hijos* 50; Picon Garfield 21) cuyo resultado es el espíritu constantemente crítico que aparece reflejado en los ensayos de Darío. La crítica, el análisis y el cuestionamiento que se transparentan en los textos darianos siguen dos corrientes: una de ellas es la articulación de una respuesta cultural, utilizando todos los medios que el centro hegemónico pone al alcance del autor, y en especial la lengua y el pasado compartido y heredado como tradición, el mismo que Darío encuentra "utilizable". La otra corriente es la construcción de una identidad artística y cultural propia, aunque consciente de su dualidad, y basada en los elementos que constituyen la respuesta. El hecho de que la producción artística tenga valor en este proceso se debe a que constituye el único parámetro visible y objetivo para establecer si la tentativa dariana ha sido exitosa.

Al observar el desarrollo de ambas corrientes se nota cómo su punto de encuentro hacia la creación de un discurso de identidad radica no sólo en la creación de la imagen del otro, sino también en la conciencia lingüística, la existencia de una comunidad en la que la lengua tiene un valor vital. Al emprender su proyecto de "liberación", Darío proclamó que las virtudes expresivas que el centro había mantenido sujetas a reglas y normas debían desarrollarse a plenitud. Con esta idea de liberación lingüística en mente Darío, en sus ensayos periodísticos, se valió de imágenes fabriles para "construir" una respuesta utilizando los mismos elementos que el centro le otorgaba: la lengua común. A su proyecto añadió la noción de enriquecimiento cultural, y para ello recurrió a fuentes francesas así como a figuras de la tradición hispana, que ya formaban parte del canon alterno que presentara en sus "Palabras liminares", como lo son Quevedo, Santa Teresa y Cervantes.

El primer frente o zona de contacto es, precisamente, la lengua común, elemento del que se sirve Darío en su proceso de articulación de una respuesta contrahegemónica y establecimiento de una identidad cultural. El español, que fuera inicialmente un signo de dependencia, se convierte, después de la Guerra Hispano-Norteamericana de 1898, en un vínculo de unión adoptado voluntariamente, y que trasciende lo político. Antes de este momento, la lengua había sido un puente en el que se disputaban combates de virtuosismo y sonoridad. Darío adopta un lenguaje metaliterario mediante el cual observa y define los "modelos estilísticos" (que, en algunos casos, también sigue) provenientes de sus percepciones culturales. Así, basado en los metacomentarios sobre el romanticismo alemán, describe los poemas de Henri Murger como "baladas en prosa en que se advierte aquella vaguedad germánica, nebulosa y propicia a las almas soñadoras" (*OD* 66). Siguiendo una lógica similar, dentro de la cual el lenguaje es un arma y herramienta creadora, Darío se vale de metáforas fabriles–vale decir, modernas–para desarrollar su propio discurso metaliterario; es por esta razón que habla del estilo de Joaquín María Bartrina como "demonio que maneja un bisturí" (67), así como describe a Manuel Fernández y González como un "Dumas hispano, [...] productor infatigable, grato a las letras y musas castellanas" de cuyo trabajo comenta que "[e]n cuanto a su procedimiento literario, se asegura que imitaba a Walter Scott" (121). El discurso fabril, combinado con matices esteticistas, se extiende hasta el ensayo sobre Catulle Mendès, "Parnasianos y decadentes", en el que Darío, al describir el virtuosismo lingüístico al que él mismo aspira, declara su propia agenda creadora:

> Es [Mendès] un creador distinto. Tiene un sello suyo que delata la procedencia de cualquiera de sus obras; y es el sello brillador, magnífico de su estilo, de su escribir como con buril, como en oro, como en seda, como en luz. Es un parnasiano y un decadente: así le llaman. (167)

El uso del discurso fabril forja una asociación que Darío explota posteriormente: la de producción fabril europea con lo moderno. Así pues, la adopción de lo europeo constituye un gesto de modernización, ya que trae consigo una capacidad de producir modernidad. Esta identificación entre lo fabril europeo y la modernidad continúa en sus comentarios sobre la técnica narrativa de Mendès:

> Mendez [sic], como ya he dicho antes, es de los decadentes. Todo el que haya leído sus versos, en *Hesperus*, por ejemplo, le aplaudirá; pero quien haya visto algún cuento suyo, de esos que tan donosamente esmalta y enflora, habrá reconocido al admirable fraseador; un temperamento artístico exquisito, un poeta, en

fin, delicadísimo y bizarro. Al escribir su prosa, casi rima. ¿Cuál es el procedimiento? (168)

Como contraste y demostración de la ecuación producción= identidad, y de la importancia que adquiere la capacidad del uso del lenguaje en la creación de una identidad, Darío añade en el contexto de este mismo ensayo:

Pero Madama Mendez no publica nada y poquísimos saben de lo que esta dama es capaz de hacer con el cerebro. Quizá su marido la estimule mas tarde. ¿No está floreciendo el Figaro unos ramilletes en prosa de madama Alfonso Daudet? (167)

Debido a la premisa que establece nexos de causalidad entre la producción y la identidad, Darío, en sus ensayos, recurre a modelos de los autores que admira a fin de articular su agenda creadora. Sin embargo, en lugar de seguir ciegamente los procedimientos y técnicas que presenta, realiza una transculturación de estas estrategias para incorporarlas dentro de su propia obra. Este subterfugio le sirve a Darío para introducir sus propios principios creadores, basados en la idea de producir belleza a través del lenguaje, como elementos de una modernidad que implica progreso. Su notoria adopción de principios estéticos y temas franceses valió para que su obra fuera considerada inauténtica por no referirse a América, cuando en realidad Darío no sólo había escrito sobre temas americanos sino también había sentado los principios que, posteriormente, abrirían paso a los experimentalismos de la vanguardia. Su descripción y transculturación del discurso metaliterario del centro también abrió nuevos caminos para el desarrollo de un discurso propio al centrar sus comentarios en el manejo del lenguaje y sus capacidades productivas, como lo muestra en "Parnasianos y decadentes":

Viéndolo bien, difícil sería establecer diferencia entre parnasianos y decadentes. Ambos aman el símbolo, ambos prodigan la metáfora, ambos emplean vaguedades o plasticidades desusadas y mal vistas por varios grupos literarios; pero que son más combatidos por los de la escuela chata y burguesa del señor Ohnet y compañeros... (168)

La idea de producción determina las afiliaciones artísticas. Para Darío, la obra es el hombre, y por ello describe a sus colegas escritores en función de lo que producen: "aman el símbolo, prodigan la metáfora, [...] emplean vaguedades o plasticidades desusadas". Estas descripciones aplicadas a hechos del lenguaje, como la literatura, producen un efecto de abundancia, profusión y, en suma, modernidad. Su transferencia, indudablemente, traerá un cierto grado de modernidad a Hispanoamérica, y es, precisamente, esta convicción la que se revela en "Los colores del estandarte". En este artículo Darío declara sus propias estrategias creadoras y admite la extensión de lo francés en su obra. Sin embargo, y preciso es observarlo, su intención es transplantar los efectos de una lengua a la otra:

> La sonoridad oratoria, los cobres castellanos, sus fogosidades, ¿por qué no podrían adquirir las notas intermedias, y revestir las ideas indecisas en que el alma tiende a manifestarse con mayor frecuencia? Luego, ambos idiomas [el francés y el español] están, por decirlo así, construídos con el mismo material. En cuanto a la forma, en ambos puede haber idénticos artífices. La evolución que llevara al castellano a ese renacimiento, habría de verificarse en América, puesto que España está amurallada de tradición, cercada y erizada de españolismo. (*EI* 121)

Para demostrar que los poderes creativos de la lengua nunca han estado restringidos al francés, Darío añade su lista de autores, su canon alterno, así como un manifiesto sobre las capacidades del español, subestimadas en otros autores que forman parte de la tradición hispánica, aunque no del canon, debido a la reticencia que mostraban frente a las reglas dominantes de su tiempo:

> En castellano hay pocos que sigan aquella escuela casi exclusivamente francesa.
> Pocos se preocupan de la forma artística, del refinamiento; pocos dan—para producir la chispa—con el acero del estilo en esa piedra de la vieja lengua, enterrada en el tesoro escondido de los clásicos; pocos toman de Santa Teresa, la doctora, que retorcía y laminaba y trenzaba la frase; de Cervantes, que la desenvolvía armoniosamente; de Quevedo, que la fundía y vaciaba en caprichoso molde de raras combinaciones gramaticales. Y tenemos quizá más que ninguna otra lengua un mundo de sonoridad, de viveza, de coloración, de vigor, de amplitud, de dulzura; tenemos

fuerza y gracia a maravilla. Hay audaces, no obstante, en España y no faltan–gracias a Dios–en América. (*OD* 171-172)[8]

Revisitar la tradición para aprender de ella implica usar el pasado, sacar "del joyero antiguo el buen metal y la rica pedrería, para fundir, montar y pulir a capricho, [...] dando novedad a la producción" (172). Mientras lo moderno adquiere relevancia por su novedad, lo antiguo, como soporte y materia prima, no pierde de ninguna manera su importancia. Darío expresó en un ensayo posterior su procedimiento de revisión de la tradición, que incorporaba, al mismo tiempo, la inserción de nuevas actitudes y credos:

> Aprendí el son de la siringa de Verlaine y el de sus clavicordios pompadour. "¡Si llevara todo esto al castellano!" decía yo. Y del racimo de uvas del barrio Latino, comía la fruta fresca, probaba la pasada, y como en el verso cabalístico de Mallarmé, soplaba el pellejo de la uva vacía y a través de él veía el sol. (*EI* 121)

El virtuosismo lingüístico como forma de respuesta reaparece en el ensayo "La literatura en Centro América", en el que Darío utiliza sus apreciaciones sobre autores del istmo para establecer un puente basado en su virtuosismo estilístico. Escritores como Batres Montúfar, María Josefa García Granados e Ignacio Gómez surgen como revolucionarios de las formas establecidas que no sólo responden sino superan las capacidades del centro hegemónico (*OD* 190-192), en tanto que la obra del español Fernando Velarde, que creara una escuela, fomentó la aparición de poemas influidos por su estilo, "versos macabros al par que pomposos hasta el mal gusto, estrofas que remedaban a aquéllas de nuestro don Fernando..." (194).

La intrusión del "elemento extranjero" no resultó enteramente negativa pues vino a representar el carácter sincrético de la literatura en la que autores como el mismo Velarde, José Joaquín Palma y Martí participaran en Centro América (196-198, 201). Darío enfati-

---

[8] Los modelos estilísticos de Darío, comparables con los virtuosos de la literatura francesa, son los mismos autores que invoca en las "Palabras liminares" como miembros de su grupo "contestatario" ante la tradición. Una explicación plausible es que, aparte de ser los "maestros estilísticos" de Darío, estos autores habían sido "redescubiertos" y revalorados en aquella época. Por esta razón, como apunta Darío en *Historia de mis libros*, las alusiones que hiciera a todas estas figuras en las "Palabras liminares" de 1896 fueron aplaudidas por "egregios ingenios" de España (*Historia* 61).

za la importancia de su trabajo y de su influencia, pues fue a través del vínculo común que todos tenían, la lengua española, que estos escritores dejaron testimonio, crearon escuela y produjeron una literatura:

> El elemento extranjero, los ilustres hombres de otros países que han llegado a las cinco Repúblicas han sido los iniciadores del progreso en cuanto al talento y obra intelectual se refiere. No hay Estado centro-americano que no conserve algún recuerdo cariñoso de los extranjeros de tal clase que han fallecido por desgracia, o que no tenga en estimación y valía a los que hoy viven dando su luz, enseñando sus ciencias o sus artes. (196)

La evaluación final de la literatura centroamericana lleva a Darío a formular una serie de cuestiones a las que sólo había aludido en su ensayo sobre Catulle Mendès: la respuesta al centro dentro de los límites del vínculo que los une, que es el lenguaje. Para este efecto, Darío eligió un discurso metaliterario y no confrontacional, del cual se vale para delinear la situación cultural prevalente en América Latina:

> Hoy, todavía no ha pasado—decimos en vista general—el período de las ingenuidades, de los discreteos patriarcales, del achicamiento de las ideas, del remiendo de la frase, de las bizantinas y enmarañadas cuestiones filosóficas, de la admiración de lo rococó. (203)

Darío, en su diagnóstico sobre la situación, se refiere en forma velada a la dependencia cultural al hablar de los "discreteos patriarcales" y el "achicamiento de las ideas" similar a su crítica en las "Palabras liminares". Además de criticar al medio cultural latinoamericano, Darío señala uno de los factores que han determinado, según su opinión, la evolución de la literatura hispanoamericana: el constante y casi necesario seguimiento e imitación de modelos.

> Allá [en Centro América], sin formas propias, sin encontrar hacedero sino aquello que el canon antiguo señala, los escritores y poetas han tenido como norma, de una manera principal, los clásicos españoles, hasta hace poco tiempo; después por nuevas vías han procurado seguir a tal cual astro grande o mediano que en la madre patria se ha levantado... [E]s preciso dar nuevas for-

mas a la manifestación del pensamiento, forma vibrante, pintoresca y, sobre todo, llena de novedad y libre y franca... (*OD* 208)

Aunque el mismo Darío también estudió y siguió las huellas de los clásicos españoles, su contacto con otras literaturas lo llevó, más que a imitar y copiar, a extender la lengua española para reproducir los efectos que veía en otras obras, y así transplantó sus rasgos distintivos al ámbito literario latinoamericano. Prueba de estos esfuerzos son sus experimentaciones métricas, como sus poemas en francés en *Azul...*, el "Responso" en homenaje a Verlaine, "Era un aire suave", en el cual, dice Darío, "sigo el precepto del Arte Poética de Verlaine: 'De la musique avant toute chose.'" (*Historia* 64). Esta operación de transplante lo llevó a formular una noción de identidad, reflejada y representada específicamente por la lengua española. Una vez que la conciencia lingüística se convierte en vínculo cultural, los problemas políticos hispanoamericanos emergen como obstáculos que se interponen en la formulación de una respuesta así como la creación de una identidad cultural, como añade Darío:

> Mientras no haya unión siquiera en la vida del alma... entre las cinco pequeñas naciones en que está dividida la antigua federación centroamericana, las letras, como manifestación verdadera de la existencia de un pueblo, no pueden ser allí sino escasas, débiles, pobres. Trabajad, ¡oh, hermanos! por que se efectúe esta unión, que sin ella seremos desconocidos. (*OD* 212)

El aspecto político va más allá de una exhortación. Para Darío, las traducciones y cualquier atentado o acercamiento despectivo al español, aunque fuera de los mismos franceses que en otros terrenos admira, provoca exabruptos inesperados. Además, el hecho de que obras originalmente escritas en español hayan sido traducidas al francés produce una reacción que, aunque trate de mantener cierta ecuanimidad, todavía revela la fuerte identificación de Darío con la lengua española:

> Lo que se dijo, lo que se dice, lo que se puede decir, está en francés. Esto no es un inconveniente para que sus mismos clásicos hayan tomado al descuido, argumentos enteros de comedias de autores españoles. (71)

El poder de las academias y su naturaleza como implícita sujeción al centro hegemónico, significa para Darío una cuestión–si no un atentado–de carácter político, pues la lengua española, pese a ser compartida con España, constituye el elemento distintivo de una cultura más abarcadora y universalizante que Darío define como "latina". Esta actitud condenatoria con respecto a las academias y agrupaciones similares, la misma que lo lleva a condenar a los académicos en sus "Palabras liminares", se encuentra anunciada en uno de sus escritos programáticos, el artículo sobre Catulle Mendès, en donde afirma

> La Academia ve la escuela, la agrupación, con malos ojos. No es temible, pero es enemiga a la callada. Aprueba que se esté a la husma del vocablo en el léxico, mas impone su prosodia, su gramática toda, sus leyes de abuela, las preciosidades absolutas de sus pergaminos. (170)

La respuesta dariana a la academia, como institución colonialista, se basa en su actitud con respecto a la lengua, que debe ser instrumento de expresión individual, libre de todos los dictados y normas que no provengan de una tradición cultural (cabe recordar su admiración por los autores del Siglo de Oro español, cuyos logros le sirven como ejemplo en más de una ocasión). Llevado por su rechazo a las prescripciones de los académicos aludidos en las "Palabras liminares", que pretenden establecer principios artísticos ignorando los vínculos existentes entre lengua y sociedad, Darío condena enérgicamente la actitud restrictiva de la academia, que sacrifica el arte y la expresividad en aras de una supuesta "pureza" lingüística:

> [Q]uerer aprisionar el eco de esas tempestades en una académica redoma gramatical–como en un caracol el ruido del mar–o en un endecasílabo moratinesco es imposible. ¿Por qué? Porque la tempestad no tiene gramática, porque la tromba es verso que sólo tiene consonante con el trueno, porque un relámpago es una coma, en la estrofa nubarrón del poema tormenta. (239-240)

Con todo, la producción artística por sí misma no bastaba para erigir una comunidad cultural. Aunque en textos sobre otros autores, como en *Los raros*, Darío adopta el mismo énfasis en la producción de "objetos" que observa Todorov en los escritos de Cortés (130), en los textos que influyen en la identidad artística latinoamericana, Darío aligera este énfasis en el número de obras producidas para enfatizar la calidad que debe tener la producción textual que defina América Latina como productora de textos y cultura. Es por esta razón que, al escribir sobre un diario de inminente aparición, comenta:

> La decadencia de la producción literaria en nuestra prensa estriba en una economía mal entendida. Se publica muchas veces aquello que no tiene sino la ventaja de ser colaboración gratuita, y no se busca el trabajo de plumas de reconocida fama por temor a una remuneración costosa. (118)

Fiel a sus principios y al valor de la calidad sobre la cantidad, Darío justifica su posición cuando se presenta como un abogado de la revista, cuya naturaleza subversiva, pese a lo efímero de su efecto, constituye un "medio de difusión más potente que el diario, más fácil que el libro, y cuyos buenos efectos se advierten en todos los países" (209). Al apoyar, en particular, el impacto educativo que tienen las revistas, Darío plantea la posibilidad de su publicación, patrocinada por los gobiernos, y su uso como medios de creación de una cultura y una identidad propias de la América Hispana. De hecho, el apoyo que Darío les ofrece proviene del efecto positivo que este tipo de publicación ha ejercido en la literatura centroamericana:

> Guatemala desde mucho tiempo hace ha tenido más o menos buenas publicaciones de este género. Entre ellas la mejor indudablemente fue *El Porvenir*, donde escribían publicistas meritorios. El Salvador, *La Juventud*; Costa Rica, *La Enseñanza*, sostenida y dirigida por Juan F. Ferraz; Honduras, últimamente, si nos es fiel la memoria, una fundada por Félix Medina, y Nicaragua, *El Ateneo*, revista notable. (209-210)

Podría decirse, incluso, que las revistas literarias para Darío no son solamente parte vital en su proyecto de "liberación" sino que, a la vez, constituyen una invitación a la respuesta de Hispanoamérica; una respuesta que recoge los elementos del centro (lengua, publicaciones, estilos, criterios artísticos) para elaborar un sistema cultural propio. Con todo, el entusiasmo dariano se detiene ante lo que percibe como una decepcionante realidad, cuando afirma que "No hay público [para estas publicaciones], no hay lectores sino en pequeñísimo número, y necesariamente toda iniciativa tiene que ser parte de los gobiernos" (210).

El proceso de respuesta se intensificó a raíz de la Guerra Hispano-Norteamericana. La actitud dariana cambia a partir de esta coyuntura política y cultural que trae como resultado un cambio de perspectiva con respecto al centro colonial. Desde ese momento, el español como lengua común deja de ser una atadura imperial para convertirse en el vínculo deseado más poderoso con la comunidad que Darío aspira a alcanzar a través de su virtuosismo: la cultura "latina", que es la formada por hablantes de lenguas romances en Europa y América. Sin embargo, mucho antes del conflicto, Darío había alertado al continente, valiéndose de contrastes lingüísticos, con respecto a las diferencias de costumbres, hábitos y visiones del mundo entre la raza "latina" y la "anglo-sajona", así como sobre las actitudes imperialistas de los "no latinos". Es por ello que observa cómo la "raza latina de antes, tan vigorosa, tan atlética, tan llena de pujanza, y la de hoy tan canija, tan debilitada, tan sin músculos, toda entregada a utopías, toda dolorosa, toda decadente" se encuentra amenazada, y continúa diciendo: "vamos quedando con nuestro modo de ser amenazados por la raza férrea anglo-sajona, al menos en América, raza que habla una lengua férrea también, ruda, erizada, rápida y casi eléctrica" (158). En el contexto de ese mismo ensayo de 1888 las palabras de Darío resultaron casi proféticas: "[l]a humanidad nueva que desea el poeta yanqui Walt Whitman será dueña de la fuerza, robusta y fragante por el gimnasio" (158-159).

La respuesta al centro no queda circunscrita al vínculo de la lengua. Si bien la comunidad lingüística estableció un nexo indudablemente fuerte entre España y los países latinoamericanos, Darío mostró cómo la variante americana del español había dado a luz una obra artística que no dependía más del centro imperial. Al considerar el aislamiento cultural al que España sometiera a sus antiguas colonias, la respuesta articulada por Darío, que se basa en la transculturación de los elementos del centro hegemónico, refuerza el vínculo del lenguaje como rasgo sustancial en las relaciones entre el centro y el margen: Al afirmar que: "[P]or mucho que nos nutriésemos con el pensar de las naciones extranjeras, nuestro idioma sería siempre el español; más o menos adulterado, vivificado o corrompido, como gustéis; pero el español" (*EI* 125).

La coyuntura histórica de 1898–el conflicto entre Estados Unidos y España–trajo la oportunidad de construir un yo-cultural latinoamericano. El hecho de que este yo-cultural participe de elementos del centro, como la lengua compartida, lo capacita para afrontar su otredad interna, o los diferentes niveles de identidad, cuando se encuentra con el otro. Este encuentro, diferente en lenguas y culturas, antes insinuado y no anunciado, se dio a raíz del conflicto cubano en 1898, y reforzó la voluntad de creación de una cultura hispanoamericana que surgió identificada como la latinidad.

Si bien la guerra entre España y Estados Unidos catalizó la unión de la raza "latina", la conciencia del otro existía ya desde la formulación bolivariana que refleja la anáfora cultural. Sin embargo, al aparecer el modernismo, la figura del otro adquirió mayor relevancia debido a que el deliberado cambio de centro y de ingreso cultural se convirtió en la medida de comparación sobre la cual se basaría la formulación de la identidad hispanoamericana. Al trazar los contrastes y tender puentes, que otros denominan "correspondencias", Darío abre espacios en los que el otro se enfrenta con una emergente identidad cultural hispanoamericana, no sólo en términos de lengua y producción, sino también de actitudes ante la vida.

Los contrastes a los que recurre Darío indican un discurso heterológico en el que el otro es un parámetro, una medida para determinar el yo-cultural propio latinoamericano, en este caso. Desde el momento en que el otro adquiere dimensión existencial, todos sus rasgos, desde la apariencia, la lengua y su filosofía, se convierten en medios de los cuales el emisor del discurso se vale para "crear" no sólo su propia imagen sino la del otro. Siguiendo esta línea de razonamiento, Darío, al hablar de costumbres y hábitos distintivos, alude, tal vez críticamente, al "ocio creador" del que hablara después Rodó al recomendar la práctica del ejercicio físico. Además de referirse a Inglaterra, Estados Unidos y Alemania como países en los que la gimnasia tiene valor social, Darío enfatiza la diferencia al presentarla en términos educativos: "Es en esas naciones sajonas donde se ha dado vida al moderno gimnasio" (158). Su advertencia se extiende hacia lo que podría describirse como una nueva fisura cultural, la repetición de la anáfora cultural, reflejada en el surgimiento de actitudes supuestamente opuestas a la cultura latina:

> ¡Lirios pálidos! Sois así muy bellos; mas ¿no es cierto que preferiríais ser como rosas, llenas de sangre, fragantes en su

púrpura opulenta? Sí, y para eso ser menos latinas, menos soñadoras, o tener el sueño en español y vivir la vida en inglés o en alemán. Lawn tennis, turnverein, turf, sport! ¿No es así? (165-166)

Así como el yo-cultural se percibe a través de su obra, el otro manifiesta su existencia en su producción. Sin embargo, la producción cultural del otro plantea, para Darío, un problema imprevisto, que es el de la adaptación. La forma en que la naciente cultura hispanoamericana se define frente a la producción del centro establece las pautas que la sostendrán en el futuro. Es en virtud de esta necesidad de competir en el mercado cultural que

> [s]e necesita que el ingenio [del artista latinoamericano] saque del joyero antiguo el buen metal y la rica pedrería, para fundir, montar y pulir a capricho, volando al porvenir, dando novedad a la producción, con un decir flamante, rápido, eléctrico, nunca usado, por cuanto nunca se han tenido a la mano como ahora todos los elementos de la naturaleza y todas las grandezas del espíritu. (172)

La producción artística, renovada por la tradición compartida en la lengua y el pasado heredado, se constituye en respuesta cultural que proclama, mediante "correspondencias", la diferencia fundamental entre el centro y el margen. La emisión de esta respuesta, expresada como producción, indica un cambio de perspectiva en la forma en que el margen se define a sí mismo; si antes se concebía como un subproducto del centro, al producir una respuesta puede decirse que el margen finalmente ha alcanzado una cierta madurez de expresión. Para ilustrar que esta madurez es una realidad, y que la cosmópolis anhelada–el centro alterno–al fin existe, Darío recurre a las ciudades más importantes del margen al decir que "México y la República Argentina dan un espléndido ejemplo de producción y desarrollo intelectual, tales cuales deben ser en nuestras naciones latinas" (209).

El énfasis en la producción proviene de la situación de Darío como sujeto colonial, que refleja, a su vez, las relaciones que existen entre el centro y el margen y justifica las actitudes de respuesta y autoafirmación. Como escribe Darío, el abandono de España, de su "españolismo", forzó a los latinoamericanos a crear una cultura dentro de la cual pudieran definir, finalmente, una obra e identidad propia:

> Hemos pecado, es cierto. ¿Pero quién ha tenido la culpa sino la madre España, la cual, una vez roto el vínculo primitivo, se metió en su Escorial y olvidó cuidar la simiente moral que aquí dejaba? Un puente de ideas habría habido de continente a continente; pero no se procuró más unión desde entonces, que la que podía sostener unas cuantas telarañas gramaticales tendidas desde la madrileña calle de Valverde. (*EI* 125)

Si bien el puente de ideas que menciona Darío, las "correspondencias" aludidas tanto por Anderson Imbert como por Zavala, provienen de la América Hispana, su calidad es contestataria. Por esta razón, al emitir juicios críticos, Darío utiliza los parámetros del centro para proyectar una respuesta que rompa las relaciones de sujeción y disuelva las relaciones entre el sujeto colonial y el centro. El recurso discursivo es, entonces, colocar al sujeto colonial en el centro, y descentralizar a las figuras del centro para trasladarlas al margen, como hace con Remy de Gourmont en las "Palabras liminares". Su respuesta, entonces, rompe las diferencias a fin de crear imágenes propias mediante contrastes:

> Gavidia, quien si viviese en España y para España escribiese, estaría alto y glorioso en las universales letras, tanto como pueden serlo los que mejores obras dramáticas escriben en lengua castellana. (*OD* 204)

El valor de la lengua, la influencia de las "correspondencias" y el poder de la productividad son elementos que contribuyen para definir una identidad cultural. Sin embargo, sin un medio de contraste su presencia resulta superflua. Consciente de esta situación, Darío confronta estas características (vínculos, productividad y lengua común) con imágenes del otro, que para el caso es el hablante de una lengua no latina, cuya productividad compite con la "latina", y cuyo contacto, de una u otra forma, define la "latinidad" como su opuesto. Es este contacto con el otro el que llevó a Darío a escribir:

> No ha podido aún la América que habla español hacer que los ojos de Europa se conviertan hacia nosotros a causa de una de esas manifestaciones que hacen comprender la vitalidad espiritual de una raza.
> Somos más viejos que el yankee; pero nuestro Emerson no se ve por ninguna parte; y lo que es nuestro Poe o nuestro Whitman...
> No tenemos una expresión propia de nuestra alma colectiva; la literatura americana es una bella Anacaona desconocida. Intelectualmente esperamos aún a nuestro Colón, para poder exclamar como los indios de la payasada de Mark Twain: "Estamos descubiertos!" (78-79)

El hecho de permanecer "desconocida" y de no haber llamado la atención del centro justifica la creación de "correspondencias" entre ambos continentes. Sin embargo, Darío, consciente de la necesidad de adquirir una voz propia, inicia un sistema crítico basado en la misma existencia de las correspondencias, a fin de exhortar a sus contemporáneos para crear una literatura propia:

> No nos debilitemos, no empleemos ese procedimiento con polvos de arroz y con hojarascas de color de rosa, a la parisiense–hablo con los poquísimos aficionados–, pero empleemos lo bello en otras esferas, en nuestra literatura que empieza. (*OD* 172)

La sugerencia de "emplear lo bello en otras esferas" lleva a la transculturación, a la apropiación de elementos culturales, a un enriquecimiento general que, sin arriesgar la naciente voz hispanoamericana, le da un matiz particular, el "acento americano" que menciona Henríquez Ureña y que Darío, siempre atento a los efectos de la lengua, describe en los siguientes términos:

> La poética nuestra, [...] se basa en la melodía; el capricho rítmico es personal. El verso libre francés, hoy adoptado por los modernos a todos los idiomas e iniciado por Whitman, principalmente, está sujeto a la melodía. (*EI* 123)

Unida a su noción del arte como "harmonía de caprichos" [sic], se encuentra la necesaria individualidad de la expresión que manifiesta Darío al decir "mi poesía es mía en mí". Al referirse a la poética hispanoamericana como resultado de un capricho rítmico personal, influido por el verso libre francés, Darío refuerza las exhortaciones de sus "Palabras liminares", al mismo tiempo que declara abiertamente su uso y adaptación de elementos externos a fin de encontrar su forma propia, de definir su propio acento. La melodía es, para Darío, elemento determinante. Como medio de contraste entre su propia expresión y la del otro, presenta Darío uno de los elementos distintivos de otras literaturas–otras culturas–al referirse al humor irreverente de Mark Twain, y encontrar sus "correspondencias" internas con otras culturas:

> [El] elemento [de Mark Twain] es el humor. El humor, esa cosa que florece de distinto modo según climas y cielos. La risa, don humano y divino desde Homero, florece en Francia con rosas alegres, con parras de Borgoña, con viñas de Champaña: tiene el *esprit*. En Alemania tiene el *Witz*: en Inglaterra, en los Estados Unidos el *humor*. (95)

Twain, aunque pertenezca a la cultura del otro y represente, hasta cierto punto, su humor, muestra en sus payasadas una intención definitivamente subversiva que lo coloca, para Darío, al nivel de un espectáculo circense. Sin embargo, el punto de contacto que relaciona a Darío con Twain radica, precisamente, en la irreverencia que ambos autores, de maneras diferentes, demuestran con respecto al centro, a las figuras de poder. Si bien Twain es antihegemónico, su rebeldía no es elegante. La respuesta dariana, en comparación, es más civilizada, más europea y compite así con el refinamiento del centro hegemónico. Al comparar a Twain con "el primitivo, bíblico y salvaje Whitman", Darío encuentra que "[a]mbos son obra del alma yankee que canta en las *Hojas de yerba* y ríe con el clownesco autor de tanto burdo chiste" (98). Luego, partiendo de esta concepción de la cultura del otro procede Darío a "construir" una identidad basada en las diferencias de expresión, producción y actitud vital. Así, lo latino en Darío viene a forjar una nueva imagen que, más que una respuesta, constituye una afirmación, pues refleja la conciencia de una identidad cultural surgida de un contraste con el otro. La latinidad es, por lo tanto, elemento clave en la concepción de la identidad cultural latinoamericana para Darío y proviene, hasta cierto punto, de la naciente oposición política y cultural entre Estados Unidos y América Latina anunciada por Rodó en *Ariel*, según afirma Paz (*Cuadrivio* 33). La latinidad explica las diferencias, se convierte en un vínculo tan fuerte como la lengua y propugna una identidad propia y abarcadora que incluye (y justifica) "el alma hispanoamericana". El hombre latino, en virtud de su tradición, el pasado que Darío ha "recreado" y su poder a través del lenguaje, es el recipiendario de una tradición gloriosa y, a su vez, forjador de una nueva, con una imagen, lengua y expresión propias.

Capítulo VI

LA PRODUCCIÓN Y LA LENGUA COMÚN:
LOS RAROS Y "CALIBÁN"

1. Estrategias críticas hacia un panteón alterno: *Los raros*

En sus textos periodísticos, Darío se dedica casi exclusivamente a la formación de un público lector latinoamericano que sea perceptivo y abierto con respecto a otras literaturas y culturas. Sin embargo, en lugar de introducir dictatorialmente los autores y corrientes literarias de su preferencia, Darío las adapta para incorporarlas gradualmente dentro del panorama cultural latinoamericano. Al presentar muchas de estas figuras, Darío enfatiza su calidad como la avanzada de una corriente estética que sus lectores deben conocer a fin de comprender la era moderna, la era de la producción y de las maravillas tecnológicas. Al establecer un paralelo entre el progreso tecnológico y el avance de las artes, Darío intenta preparar a su público que no sólo se interese por la nueva literatura europea sino que empiece a responder con sus propias versiones, críticas y reacciones. Además, entre las preocupaciones que impulsaban a Darío para sugerir este modelo se encontraba la problemática relación entre la literatura y la política, así como la indiferencia pública ante cualquier cosa que no fuera un tema político. Además de lo anterior, en este ensayo, publicado en el volumen de *Escritos inéditos*, Darío deplora la falta de interés en la literatura y las ideas propias, que ceden ante la atención que dedica la juventud a "la Bolsa [...], los ministerios, y [...] ver correr caballos flacos" (*EI* 69). Por esa razón, "De la vida literaria" contiene la siguiente exhortación:

> No basta poseer un Ateneo y una academia; es indispensable un público, por así decir, *artista*, un público que ame la ciencia, la poesía, el arte: las cosas bellas del espíritu, un público que lea las estrofas de nuestros bardos inspirados, las páginas de nuestros historiadores concienzudos, los textos científicos de nuestros hombres de pensamiento. (*EI* 69, énfasis original)

En su aparente admonición, Darío también manifiesta su concepción moderna del arte basada en la idea de la producción y sus esquemas. De este modo, su sugerencia revela su visión sobre el arte. Según él mismo observa, un Ateneo no es suficiente sin un público que aprecie la producción de los artistas. La idea del público que ama "las cosas del espíritu" establece el arte como objeto paralelo a las cosas materiales, y basado en esta noción, Darío formula una serie de sinécdoques que muestran las ideas de producción y volumen asociando así al arte con la modernidad. Así pues, el arte (una práctica) aparece como un objeto acabado (páginas, estrofas, textos), lo cual muestra que no se trata solamente de una cuestión cualitativa: el arte, como práctica, también rinde "resultados", es decir, termina como producto final. En esta situación, el Ateneo prefigura una gran central de distribución que, a su vez, se integra con la idea de difusión de lo nuevo y moderno que Darío propugnó durante toda su vida. Esta imagen, evidentemente relacionada con la noción de producción y distribución, revela el valor de la modernidad para Darío, y muestra sus intentos de conciliar conceptos industriales como producción y volumen, con la práctica del arte. Esta inserción del discurso fabril en el metalenguaje literario del modernismo fue descrita por Noé Jitrik, cuando al hablar de las contradicciones del modernismo señala, precisamente, el carácter mecanicista del discurso poético en Darío (79) y advierte cómo la idea de la "máquina poética" (que expresa el énfasis en la producción) genera tensiones internas que le dan "valor" al discurso mismo (77-79).

De la insistencia de Darío en manejar un discurso heterológico, de las "correspondencias" que surgen de su encuentro con el otro, de su fe en lo moderno y de su incuestionable conciencia de la latinidad como medio de respuesta contrahegemónica surge el primer volumen de crítica de Darío, *Los raros*, en 1896. Al igual que Cortés, según Todorov (130), Darío concentra su atención en la producción literaria al punto de hacerla parecer el criterio de selección de los autores elegidos.[1] Sin embargo, el concepto de producción que sigue Darío para agrupar a los autores de los que escribe engloba dos rasgos particulares: volumen y calidad. Con la excepción de Augusto de Armas, según Darío autor de un libro consagratorio, el volumen o número de obras producidas *debe* ser significativo; de ahí se explica la inclusión de Verlaine, Ibsen, Poe y Villiers de L'Isle-Adam, entre otros. La calidad de la producción es otro aspecto determinante de la elección dariana, pues el tipo de artista que Darío categoriza como "raro" es aquel que ha producido obras renovadoras, iconoclásticas y revolucionarias. Para Darío, la elección de sus "raros" no era exclusivamente un manifiesto de modernidad; al mismo tiempo que continúa su agenda contestataria, tal como la delineara en las "Palabras liminares", Darío presenta a Poe, Martí, Verlaine, Moréas, Villiers de L'Isle-Adam e inclusive "Rachilde", autora de "novelas galantes", como miembros del canon alterno con el que se propone responder al centro hegemónico. Consciente del efecto de su elección, declara en su autobiografía:

> Yo hacía todo el daño que me era posible al dogmatismo hispano, al anquilosamiento académico, a la tradición hermosillesca, a lo pseudoclásico, a lo pseudorromántico, a lo pseudorrealista y naturalista y ponía a mis *Raros* de Francia, de Italia, de Inglaterra, de Rusia, de Escandinavia, de Bélgica y aun de Holanda y de Portugal sobre mi cabeza. (*Autobiografía* 94)

Llama la atención la relación antagónica de Darío con la tradición que le precede, a la que llama "dogmatismo hispano" entre otras cosas. Esta actitud contestataria no ataca tanto el origen de las categorías (tradición, dogmatismo, anquilosamiento) sino más bien sus estructuras estáticas, su naturaleza estacionaria, opuesta al dinamismo de la modernidad y su capacidad de producción. Es más, esta actitud de respuesta, que podría llamarse dialógica, prevalece en casi toda la obra ensayística de Darío, y, por esa razón, se nota en "Los colores del estandarte", un texto anterior a su autobiografía,

---

[1] Edelberto Torres anota que Miguel Escalada y Ángel de Estrada, "discípulos" de Darío, concibieron la idea de publicar los artículos sobre los "principales poetas y escritores [...] raros, o fuera de lo común" (Darío, *Autobiografía* 83) en un libro. Darío sugirió el título y entre los tres eligieron los artículos que habían de incluirse en el volumen. Además, Torres añade que la exclusión de sudamericanos (especialmente Lugones) provocó reacciones adversas en Buenos Aires, inclusive de Paul Groussac, que había apoyado siempre a Darío (Torres 377-389).

escrito en respuesta a Paul Groussac para defender la elección de autores incluidos en su compilación de ensayos. En su trabajo Darío explica, precisamente, que sus "raros" no son personajes distinguidos dentro de las literaturas de las que provienen; de hecho, el factor distintivo y determinante para ser llamados "raros" es su propia marginalización:

> No son raros todos los decadentes ni decadentes todos los raros. Leconte de Lisle está en mi galería sin ser decadente, a causa de su aislamiento y de su augusta aristocracia. Rachilde y Lautreamont [sic] por ser únicos en la historia del pensamiento universal. Casos teratológicos, lo que se quiera, pero únicos, y muy tentadores para el psicólogo y para el poeta. No son los raros presentados como modelos; primero porque lo raro es contrario de lo normal, y después, porque los cánones del arte americano no nos señalan más derroteros que el amor absoluto a la belleza–clara, simbólica o arcana–y el desenvolvimiento y manifestación de la personalidad. *Sé tú mismo: esa es la regla.* (*EI* 122-123, énfasis original)

Con su justificación, Darío explica, pese a su negativa, que sus "raros", aunque sean diferentes, también constituyen una "galería" o panteón que debe admirarse por presentar, como rasgo fundamental, una rebeldía de expresión que hace admirable su individualismo. De hecho, en la frase "Sé tu mismo: esa es la regla", Darío reitera el principio "Mi poesía es mía en mí" de sus "Palabras liminares" como exhortación para la creación de una identidad propia codificada como fórmula artística. De este modo, al igual que Remy de Gourmont y que Wagner en las "Palabras liminares", los "raros" darianos se convierten en individuos marginales en virtud del carácter de su obra, renovadora e irreverente, que no obsta para que Darío la convierta en modelo a seguir, en ejemplo, tal como afirma en el "Frontispicio del libro de 'Los raros'" (*EI* 79-80). En este texto, Pan, lamentablemente envejecido, se convierte en la imagen de un centro en decadencia, que todavía atrae a jóvenes peregrinos en respuesta a su llamado (80). Darío mismo, como un joven peregrino, se interna en la "Montaña de las Visiones" (80) para escuchar a Pan, aislarse del mundo, reunirse con la multitud de autores que glorifica, pues ellos, sus "raros", también han escuchado el llamado de Pan.

La marginalización de los raros se relaciona con el carácter de su producción. Al relacionar producción con respuesta, como lo hace Darío en este caso, se encuentra que la obra que distingue a los "raros" viene a convertirse en una respuesta que los marginaliza dentro de su propio entorno cultural. Es así como Darío legitimiza su obra y su respuesta, pues al compartir con estos autores el volumen y calidad de producción, él mismo pasa a convertirse en un "raro" más, capaz de comprenderlos e interpretarlos en virtud de la marginalidad que comparten todos. Por esta razón enfatiza Darío la "otredad" de sus "raros", pues es un elemento que fomenta su imagen alienada. Así, de la misma forma que Villiers de L'Isle-Adam se marginaliza al rebelarse contra Victor Hugo (*Raros* 57), su producción, afirma Darío, se caracteriza por "frases que llenarían un volumen" (59). Jean Moréas, otro que responde a Hugo (90-91), une a su rebeldía su vasta producción y su influencia decisiva, según Darío, en la definición del simbolismo:

> Al poco tiempo [después de la publicación de una acerba crítica contra los simbolistas de Paul Bourde] apareció en el Fígaro un manifiesto de Moreas [sic]. Fue la declaratoria de la evolución, la anunciación "oficial" del simbolismo. Los simbolistas eran para los románticos rezagados y para el naturalismo lo que el romanticismo para las pelucas de 1830. Pero ¿no eran ellos los de la joven falange nietos de Victor Hugo? (92-93)

Es notable que el rasgo meritorio para Darío sea la oposición que, según ve, plantea Moréas al "dogmatismo" (identificado aquí con Victor Hugo). La resultante marginalización trae consigo una transformación para el autor: no sólo se aísla de lo "tradicional", sino también se incorpora a una ola de transformación no siempre aceptada, que conlleva una necesidad de "proclamar" su novedad mediante la producción de obras. Es en casos como estos que Darío refleja su identificación con la noción de la máquina poética, y en virtud de esta misma identificación, y de su creencia en que el arte podría recibir la misma aceptación que los bienes de consumo, que Darío favorece a autores como Edgar Allan Poe, cuya marginalización proviene de su sensibilidad. Para Darío, Poe presenta un caso particular, ya que sólo puede evaluar la producción de este autor desde su propia perspectiva, que le dicta valores culturales impuestos o preconcebidos al entorno de Poe. Esto es, Darío encuentra a Poe doblemente fascinante al considerar su entorno cultural, estigmatizado por los latinoamericanos como pragmático, frío e impersonal. Llama la atención el hecho de que Darío "latinice" a Poe al compararlo con Ariel, exonerándolo así de los rasgos que caracterizan a los anglosajones y que menciona en su ensayo sobre Twain (*El 98*). Darío, con estas imágenes, presenta a Poe como un genio atormentado, incongruente con su entorno, rebelde contra su presente, y absolutamente contestatario como artista, proveniente de una tradición–la latina–que sus compatriotas no comprenden:

> Poe, como un Ariel hecho hombre, diríase que ha pasado su vida bajo el flotante influjo de un extraño misterio. Nacido en un país de vida práctica y material, la influencia del medio obra en él al contrario. De un país de cálculo brota imaginación tan estupenda. El don mitológico parece nacer en él por lejano atavismo y vése en su poesía un claro rayo del país del sol y azul en que nacieron sus antepasados. (*Raros* 13)

Darío asocia a Poe con lo latino, al mismo tiempo que lo separa o distingue de lo anglosajón. Al referirse a sus circunstancias y explicar la influencia de su contexto sobre la obra literaria, Darío propone un contraste como estrategia de caracterización. Este contraste plantea una identificación de Poe con el individuo marginalizado que encuentra un cierto nivel de legitimidad a través de la producción. Así pues, el problema del artista aparece resuelto mediante una imagen: el individuo solitario, marginado que, al mismo tiempo que se automargina de la sociedad, se convierte en contribuyente a través de su producción. En cierto modo, si esta imagen del artista, similar a la de los cuentos parisinos, crea un contexto moderno para el arte, también sugiere la relación entre el marginado cultural, o sujeto colonial, y el centro hegemónico. Además, al observar cuidadosamente la estrategia de la que se vale Darío para enfatizar la singularidad de Poe, podremos encontrar en ella no sólo ecos del discurso cortesiano mencionado por Todorov, sino también la misma estrategia discursiva mencionada por Adorno con respecto a la alteridad. Al igual que los cronistas españoles, que asignaban a los indígenas imágenes que coincidían con lo que querían percibir, Darío resalta la figura de Poe como contraste con la imagen recibida que tiene de la cultura de los Estados Unidos, y que se refleja en otros trabajos suyos.[2]

Además de la rebeldía y marginalidad de estos autores "raros", Darío enfatiza otro aspecto particular, compartido por Moréas, Leconte de Lisle, Verlaine, de Armas y Martí: la conciencia del poder de la lengua, el "alma de las palabras" que se refleja en la renovación de formas antiguas y apropiación de estilos, cuyo objetivo es la creación de un mundo alterno. Como ejemplos de esta "recreación arqueológica" están las numerosas evocaciones (e invocaciones) a las que recurriera Leconte de Lisle en su obra:

> La India y Grecia eran para su espíritu tierras de predilección: reconocía como las dos originales fuentes de la poesía a Valmiki y Homero. Navegó a pleno viento por el océano inmenso de la teogonía védica, y, profundo conocedor de la antigüedad griega, y helenista insigne, condujo a Homero a orillas del Sena. (23)

El mundo alterno, creado por Leconte de Lisle, así como otros "raros", prueba cómo el "pasado utilizable" se presta en la elaboración de una tradición alterna, modelada a partir de imágenes ideales. En el caso de los "raros", así como para los modernistas, el uso de este pasado, la creación de una tradición alterna constituye una declaración de independencia del centro. Al mismo tiempo que esta tradición nueva los marginaliza, el mundo resultante, alterno y "artístico", no se erige como un acto de evasión, sino que sirve de modelo para la ruptura del esquema cultural que enfrenta el sujeto colonial. Tal como apunta Adorno ("Subject" 149-151), la descripción que se vale del uso de imágenes y nociones preexistentes despoja al sujeto colonial de la posibilidad de adquirir una imagen propia. La creación de un mundo autónomo se yergue como respuesta a esta imposición, pues así el sujeto colonial, antes modelado por las percepciones del otro, adquiere poder para crear nuevas formas de modelación y percepción. En otras palabras, el sujeto colonial crea textos nuevos de los cuales vendrán imágenes que reemplazarán las

---

[2] En su ensayo sobre Mark Twain (*EI* 94-98), Darío establece las diferencias culturales entre los Estados Unidos y América Latina. De la misma manera que antes de hablar de Twain describe un *minstrel show,* en el inicio de su ensayo sobre Poe, presenta impresiones de su primera visita a los Estados Unidos. Ambos trabajos reflejan, hasta cierto punto, influencia de las descripciones de Martí.

de los libros de caballería señalados por Adorno, por ejemplo, pues en vez de ser impuestas reflejarán la cultura de la que provienen.

Darío, dentro de su discurso crítico, emplea figuras que reflejan su propia agenda contestataria al señalar la conciencia lingüística de sus "raros". Las capacidades creativas de los escritores de los que habla Darío, su habilidad para manejar el lenguaje y crear, así, fórmulas novedosas, se ven reflejadas en un lenguaje crítico que constituye, por sí mismo, un caso de experimentación y virtuosismo a nivel estilístico, así como la manifestación de la respuesta cultural que el mismo Darío se proponía hacer utilizando la figura del arte como alegoría. El discurso subversivo que se manifiesta cuando Darío establece la relación entre el arte y el artista, análoga a la del sujeto colonial y el centro, aparece disfrazado como una experimentación formal. La subversión y lo carnavalesco se entrelazan en el discurso experimental cuando Darío, al referirse a Verlaine, repite las asociaciones que hiciera en sus "Palabras liminares", entre lo religioso, la vida misma y la expresión artística:

> Angélico, lo era Verlaine; [...] en ningunas manos han ardido mejor los sagrados carbones de la penitencia, y penitente alguno se ha flagelado los desnudos lomos con igual ardor de arrepentimiento que Verlaine cuando se ha desgarrado el alma misma, cuya sangre, fresca y pura, ha hecho abrirse rítmicas rosas de martirio. (*Raros* 43-44)

En este párrafo, los "carbones de la penitencia" y la flagelación reflejan una actitud contestataria propia de la época y no exclusivamente dariana, pues se deriva de la famosa exhortación de Walter Pater, que inspiró el artepurismo en Inglaterra. Pater arguye que las actividades que nos iluminan la vida contienen valor y sabiduría, y añade "Of such wisdom, the poetic passion, the desire of beauty, the love of art for its own sake, has most. For art comes to you proposing frankly to give nothing but the highest quality to your moments as they pass, and simply for those moments' sake" (199). Esta afirmación, subvertora por su identificación entre la pasión y el arte, contribuye para fomentar la apropiación de términos religiosos que, a su vez, refuerza la calidad contestataria del texto. En este caso, el arte viene a suplantar la religión, o, al menos, se apropia de su discurso para convertir la experiencia estética en mística. Si bien este tipo de discurso se ha leído como una de "canonización" de las artes, una especie de hipóstasis que establece el Arte como principio y supremo fin, constituye en realidad una desacralización de la religión y de la tradición en general al que Darío recurre también en su poesía. En sus ensayos, el discurso subvertor de sacralización y desacralización aparece no sólo en las "Palabras liminares", sino como medio para reforzar la autonomía del arte mismo y cortando así la relación con el artista. Una vez establecida esta autonomía (que suaviza la intención de lograr una plena autonomía cultural), los términos artísticos son reacentuados. Darío aprovecha esta reacentuación y la articula con la producción para mantener el discurso de doble voz que reúne modernidad y arte al comentar sobre Moréas:

> El Moreas [sic] de *Les syrtes* no es, en verdad, el lírico capitolino y regio de los últimos poemas; sin embargo, algunos preferían muchos de esos primeros versos a varias de las sinfonías verbales del joven maestro. [...] Es innegable que la orquestación exquisita del verso libre, 'la máquina del poema polimorfo modernísimo', son esfuerzos que seducen; mas es irresistible aquella magia, de los vuelos de palomas, de las frescas rosas, bien rimadas en estrofas armónicas. (94)

Este comentario sobre Moréas reúne tanto ideas sobre la producción, su calidad y también indicaciones sobre la modernidad. Al hablar del autor francés, Darío conecta su obra con la "máquina poética" cuando se refiere a las etapas de Moréas como "lírico capitolino y regio de los últimos poemas" en contraste con sus "sinfonías verbales" del principio; esta referencia metafórica también enfatiza el carácter del arte como objeto resultante de un proceso de producción. La calidad, requisito importante de la producción, radica en la "magia" de los "vuelos de palomas, de las frescas rosas, bien rimadas en estrofas armónicas". Con estas referencias, Darío añade un matiz a la producción, pues además de sugerir su volumen (hay versos iniciales y recientes), también señala su capacidad evocativa (las rosas "riman" en "estrofas armónicas"). Por otra parte, lo moderno se aprecia en la clara alusión a "la máquina del poema polimorfo modernísimo", que identifica lo mecánico (máquina) con lo nuevo (modernísimo), esta vez asociado con un poema que genera significados.

Sin embargo, la producción y la marginalidad no se expresan en términos de subversividad ni se limitan a lo carnavalesco. Partiendo de las premisas de que lo experimental es nuevo, como lo nuevo es también subvertor y por lo tanto conduce a la marginalización, se comprende, luego, que Darío presente como ejemplo de automarginalización, novedad en competencia lingüística y respuesta cultural, a Martí, de cuya obra literaria escribe:

> Antes que nadie, Martí hizo admirar el secreto de las fuentes luminosas. Nunca la lengua nuestra tuvo mejores tintas, caprichos y bizarrías. Sobre el niágara castelariano, milagrosos iris de América. ¡Y qué gracia tan ágil, y qué fuerza natural tan sostenida y magnífica! (211)[3]

En este caso Martí subvierte el poder del centro hegemónico al "responderle" desde dentro (superando el "niágara castelariano") y se convierte en un modelo de producción contestataria, pues supera al centro en competencia y creatividad, lo cual lo lleva a una marginalización extrema que va más allá de la esfera artística para entrar en la política. Otro respondente es Moréas, quien para Darío representa una figura moderna, y cuya obra se mueve libremente del pasado utilizable (95) al presente, pasando por la Edad Media, Durero y los prerrafaelitas (101) y cubriendo diferentes culturas y autores, como Campoamor (99) y Poe (98, 99). Con respecto a Moréas y otros autores que, al igual que Martí, conquistan el centro desde dentro al superar su calidad de producción, Darío adopta una actitud de integración cultural congruente con sus anhelos de modernidad universal. Sobre Moréas, por ejemplo, enfatiza su origen griego, la tradición que lo respalda y su universalidad, e igual hace con Lautréamont y Augusto de Armas. Todos ellos, señala Darío, llegaron a dominar la lengua francesa y a manifestar su propia expresión, su respuesta contrahegemónica, irreverente e iconoclasta pero respuesta al fin, contra los mismos blancos que Darío tenía en mente: "el dogmatismo [...], al anquilosamiento académico, [...] la tradición hermosillesca" (*Autobiografía* 94). Ahora bien, si adoptar la lengua del otro equivale a responder al proceso de la conquista,

---

[3] Alusión a Emilio Castelar, orador y diputado español famoso por el poder de su oratoria. El hecho de que Martí lo supere en el manejo del lenguaje constituye una respuesta en la que se articulan tanto producción como calidad, así como se enfatiza el vínculo común de la lengua. En su posterior *Autobiografía* refuerza Darío esta impresión de Martí como "conquistador" del centro al observar que en la prosa martiana "[s]e transparentaba el cultivo de los clásicos españoles y el conocimiento de todas las literaturas antiguas y modernas..." (71).

superar sus capacidades productivas corresponde, por lo tanto, a su "conquista", pero desde dentro, desde su propio espacio cultural. Martí, Lautréamont y de Armas logran este tipo de respuesta sin que ello implique, necesariamente, una renuncia a su identidad cultural latinoamericana pues, según la frase bolivariana, están ejerciendo su "derecho" de participar del centro como "europeos" que son. Darío, dadas las circunstancias de la participación de estos autores, en lugar de condenar su afiliación y seguimiento a una literatura que no se relaciona con América Latina, como lo es la francesa, aprovecha la coyuntura para insertar uno de los elementos más poderosos de su obra de ensayos: el valor de lo "latino":

> Augusto de Armas representaba una de las grandes manifestaciones de la unidad y de la fuerza del alma latina, cuyo centro y foco es hoy la luminosa Francia. El, que había nacido animado por la fiebre santa del arte, llevó al suelo francés la representación de nuestras energías espirituales, y Banville pudo reconocer que el laurel francés, honra y gloria de nuestra gran raza, podía tener quien regase su tronco con agua de fuente americana [...]. (*Raros* 131)

Esta "latinidad", la misma que lleva a Darío a "exculpar" a Sydney Lanier en su "Triunfo de Calibán" (*El* 160), es la misma que apoya a Heredia y a Lautréamont, que se lanzaron a la arena literaria francesa para triunfar. Aunque Darío menciona a Heine, Turgueniev, Rossetti y Longfellow como autores que también han emprendido la hazaña de escribir en francés, no los considera igualmente exitosos que los latinoamericanos, posiblemente por no ser "latinos" (*Raros* 130). Considerado como reacción ante el inminente conflicto entre los Estados Unidos y la cultura hispana, lo latino, como imagen y estrategia discursiva, tiene un fin que trasciende una confrontación. Lo latino sirve a Darío para explicar el éxito de autores como Lautréamont (170-176), Alejandro Sawa y José María Heredia (*Autobiografía* 72-73), y viene a confirmar que la producción, así como la marginalización, son los elementos para responder al centro hegemónico.[4] Al mismo tiempo, el intercambio de lenguas

---

[4] Aunque Darío menciona a Jules Laforgue en *Los raros*, no añade que nació en Uruguay, igual que Lautréamont, y que durante su breve vida se hizo conocido como escritor francés, según observa Lisa Block de Behar (Ministerio de Educación y Cultura. *Homenaje a Jules Laforgue*. Montevideo, Uruguay: 1987).

viene a probar la verdad del juego de máscaras del que habla Paz, la otredad interna. La anáfora cultural persiste en virtud de esta dualidad, pues permite adoptar una identidad que es tanto "americana por nacimiento" como "europea por derecho".

Sin embargo, el logro más significativo de la latinidad, según la concibe Darío, más que la definición de la diferencia frente al otro en el discurso heterológico, es la creación de un yo-cultural latinoamericano. Esta noción reemplaza la de sujeto colonial, y aunque no ofrezca una identidad como beneficio inmediato, sí constituye una alternativa preferible a la de permanecer como dependiente del centro hegemónico. Al erigir un yo-cultural basado en la latinidad, Darío, tal como lo hiciera antes, resuelve la anáfora cultural sin recurrir a confrontaciones, pues establece "correspondencias" que, a diferencia de las señaladas por Anderson Imbert, Earle y Henríquez Ureña, no implican dependencia ni subordinación al centro hegemónico. En *Los raros*, el yo-cultural surge representado por autores latinos (hispanoamericanos, franceses, italianos y un portugués), cuya originalidad (i.e. productividad) y novedad (subversividad) los convierte en representativos (marginalizados) de una raza. La inclusión de autores como Max Nordau y Léon Bloch está regida por los mismos criterios ya mencionados, además de ser ambos portavoces de valores a los que se oponían los "latinos"–una religiosidad dogmática y una ciencia que pretende reducir la creatividad a explicaciones lógicas. De este modo, elevados a la categoría de modelos, por su creatividad y calidad, todos los "raros" darianos constituyen una especie de panteón artístico, un grupo de modelos que se contraponen a los autores de la galería evocada en las "Palabras liminares" en la que Darío se encuentra con "el abuelo de barba blanca" (*Profanas* 11), encarnación de la tradición y de los valores hegemónicos. En virtud de su "latinidad", su producción y su oposición a lo establecido, Dante, Santa Teresa y Quevedo se convierten en "raros" darianos, y ocupan, en virtud de su producción y rebeldía, un lugar de importancia al lado de Jean Moréas, Verlaine, Leconte de Lisle y Martí, como los nombres del canon que define la cultura latinoamericana.

A pesar de lo que se ha expuesto hasta aquí, es necesario aclarar que, por fragmentaria e incompleta que parezca, la definición de la latinidad que ofrece Darío como resultado del contraste con el otro no debe verse como una definición por negación. La identidad latina, ejemplificada por *Los raros*, es contestataria, soñadora, creativa, y al mismo tiempo aventurera, distinguida por su constante subversividad y unidad en lo que concierne al valor propio de las palabras, a la conciencia de su historia y su capacidad de constante producción. El énfasis en la producción y su naturaleza contestataria, nueva, no proviene únicamente de la necesidad de responder las cuestiones de la modernidad, sino que obedece también a la necesidad de construir una nación, una identidad social, política y geográfica. Así pues, estas estrategias de singularización trascienden la crítica literaria y reflejan los procesos de forja de una tradición y cultura propias. Aunque parezca plegarse a las exigencias de su época, Darío, en realidad, le plantea un sutil desafío, una respuesta cortés, un saludo que refleja respeto y orgullo. Su manipulación de categorías derivadas de la máquina poética, como la producción y la calidad, lo llevan a insertarlas como conceptos que singularizan a los autores reunidos en *Los raros*. Con estrategias de singularización como la habilidad lingüística, los usos del pasado y la latinidad, Darío propone y promueve no sólo un panteón alterno y moderno, sino una respuesta cultural unificadora y trascendente que servirá de base para una literatura rica, expresiva y tan singular o más de lo que el autor nicaragüense llegaría a imaginar.

2. "El triunfo de Calibán": respuesta al colonialismo

Como parte de su estrategia de contrastes, Darío se valió de la solidaridad de América Latina con España a raíz del conflicto Hispano-Norteamericano de 1898, para darle forma final a sus ideas con respecto a la identidad latinoamericana. Si bien antes había recurrido al discurso heterológico para presentar al yo-cultural latinoamericano, en el contexto de esta coyuntura histórico-cultural, Darío formula una conciencia y solidaridad en la que juega un papel importante la misma latinidad de la que se había valido para crear una raza. La aparición del otro en su aspecto más negativo, como agresor de la que fuera una vez fuente de cultura, lleva a Darío a valerse de una oposición que trasciende la antinomia de civilización y barbarie. La situación casi apocalíptica del fin de la cultura latina a manos de un país de "bárbaros", con ecos que recuerdan la caída del imperio romano, sirve para reforzar la identidad latina así como para sentar los principios de la conciencia latinoamericana. En otras palabras, en el contexto de su ensayo "El triunfo de Calibán", para Darío, Calibán es el otro, distante, desconocido y hostil.

Sin embargo, Calibán, como representación, es una imagen problemática debido a las variadas interpretaciones a las que ha dado lugar. Como estrategia discursiva, Calibán es una representación susceptible a todo tipo de manipulaciones, razón por la cual da lugar a dos puntos de vista con respecto a su significación dentro de la cultura latinoamericana. Por un lado está Darío, quien, como en un juego de máscaras, utiliza la figura de Calibán para identificar y explicar la agresión de Estados Unidos contra Cuba, y por extensión España y el mundo hispanoamericano, heredero de la tradición latina. Calibán y sus descendientes "son los aborrecedores de la sangre latina, son los Bárbaros. Así se estremece hoy todo noble corazón, así protesta todo digno hombre que algo conserve de la leche de la Loba" (*EI* 160).

Por otro lado, Roberto Fernández Retamar en su ensayo "Calibán", un trabajo muy posterior al de Darío, arguye que Calibán representa la opresión, que es un símbolo del subyugado, cuyos valores, desde el nombre hasta la lengua, son todos ajenos. Aunque, al igual que Darío, Fernández Retamar percibe la relación entre ambas polaridades como una relación de opresión (*Calibán* 10-11), las diferencias entre ambos enfoques son de valor en la construcción de una identidad latinoamericana. Para empezar, mientras Darío adjudica la imagen de Calibán a lo no latino, los "búfalos de dientes de plata", Fernández Retamar señala que Calibán es, en realidad, América Latina, y confirma su tesis en el análisis del discurso sobre "los salvajes", basado, como afirma, en imágenes más que en realidades:

> Que los caribes hayan sido tal como los pintó Colón (y tras él, una inacabable caterva de secuaces), es tan probable como que hubieran existido los hombres de un ojo y otros con hocico de perro, o los hombres con cola, o las amazonas, que también menciona en sus páginas, donde la mitología grecolatina, el bestiario medioeval y la novela de caballería hacen lo suyo. Se trata de la característica versión degradada que ofrece el colonizador del hombre al que coloniza. Que nosotros mismos hayamos creído durante un tiempo en esa versión sólo prueba hasta qué punto estamos inficionados con la ideología del enemigo. (18)

La deliberada percepción del otro en términos de bestialidad refleja una visualización y distanciamiento del otro que podríamos denominar como "calibanización", pues mantiene y fomenta una imagen que favorece las prácticas del imperialismo (20-23). Esta percepción colonial, similar a la que observa Adorno ("Subject" 151-153), impone una imagen específica para la representación del sujeto colonial. Darío, llevado por su búsqueda de una identidad nueva basada en un razonamiento conciliatorio, responde con mecanismos similares que terminan formulando una respuesta conciliatoria y unitaria entre el margen y el centro. De este modo, y a diferencia de Fernández Retamar, para quien la dicotomía de Próspero y Calibán se basa en criterios históricos y sociales, Darío piensa en términos culturales que involucran la unidad lingüística y la capacidad de producción material como estrategias de respuesta que el centro hegemónico–Estados Unidos y Europa–ha convertido en medios de subyugación. Antes de recurrir a la imagen del salvaje, Darío había presentado una situación contestataria entre América y Europa en la que implicaba un paralelo entre la situación cultural de los Estados Unidos y la de América Latina como respondentes al centro hegemónico. De hecho, llevado por su entusiasmo continental, Darío se apropió de Whitman en un artículo previo sobre la poética del continente y escribió: "Whitman, *nuestro* Whitman, rompió con todo y se remontó al versículo hebreo". A continuación añade:

> Estamos [...] los poetas jóvenes de la América de lengua castellana, preparando el camino, porque ha de venir nuestro Whitman, nuestro Walt Whitman indígena, lleno de mundo, saturado de universo como el del norte, cantado tan bellamente por "nuestro" Martí. (*EI* 123, énfasis original)

Con todo, al llegar a este momento histórico en el que el continente americano se parte en dos, la América del norte y la América del sur, la diferencia entre lenguas es el elemento divisor más notorio. Observa Darío que, mientras la "férrea raza anglo-sajona [...] habla una lengua férrea también, ruda, erizada, rápida y casi eléctrica" (*OD* 158), los latinos gozan del vínculo proveniente de que sus idiomas estén "por decirlo así, construidos del mismo material" (*EI* 121). El encuentro con una lengua diferente, sea la inglesa o cualquiera de las lenguas "latinas", da origen a un proceso de surgimiento de conciencia de la unidad. Esta conciencia se manifiesta de igual forma en los grupos enfrentados, enfatizando el valor intrínseco, las virtudes que conlleva la lengua propia, así como su importancia como vínculo cultural y político. Éstas son las mismas estrategias de las que se vale el mismo Darío para responder al centro en *Los raros* así como en otros ensayos que propugnan la latinidad, y asocian su importancia con la productividad. El otro, cuya presencia entra en contacto (y contraste) con un grupo que tiene cierta noción de su conciencia, adopta la misma conducta, la misma lógica de énfasis y orgullo. Esta situación, una reacción de afirmación, no debería extrañarle a Darío. Cuando escribe que los norteamericanos "[m]iman al inglés–*but English, you know?*–como el *parvenu* al caballero de distinción gentilicia" (160, énfasis original), lo que se manifiesta es un reflejo de la misma actitud y estrategia que él mismo ha fomentado en sus "encuentros" con el otro cultural de Europa. Darío, como individuo consciente de su pertenencia a un grupo particular (de cuya identidad él es parcialmente responsable), conoce demasiado bien las estrategias de respuesta por haberlas ejercido él mismo ante el imperio: énfasis en la lengua, orgullo en la producción material. Mientras la lengua establece nexos políticos, la producción en general crea poder material. Así es como, de la misma forma que observa el orgullo lingüístico, Darío advierte en su descripción del nuevo Calibán el poder y valor de la producción:

> "Tenemos, dicen, todas las cosas más grandes del mundo!" En efecto, estamos allí en el país de Brobdingnag: tienen el Niágara, el puente de Brooklyn, la estatua de la Libertad, los cubos de veinte pisos, el cañón de dinamita, Vanderbilt, Gould, sus diarios y sus patas. Nos miran desde la torre de sus hombros, a los que no nos ingurgitamos de bifes y no decimos *all right*, como a seres inferiores. (160, énfasis original)

La raza latina, en contraste con la productividad de la anglosajona, aparece, en la obra de Darío, como una promesa en proceso de cumplirse, una respuesta constante que, a diferencia de su contraparte, no necesita forjarse un pasado pues ha heredado una tradición. En contraste con el "pueblo joven que gusta de ensanchar sus músculos, negociar y hacer agradables las horas de la digestión, en medio del mayor orgullo nacional que haya habido sobre la superficie de la tierra" (98), la raza latina tiene un destino de impacto universal:

[S]omos la raza sentimental, pero hemos sido también dueños de la fuerza: el sol no nos ha abandonado y el renacimiento es propio de nuestro árbol secular.

Desde México hasta la Tierra del Fuego hay un inmenso continente en donde la antigua semilla se fecunda, y se prepara en la savia vital, la futura grandeza de nuestra raza: de Europa, del universo, nos llega un vasto soplo cosmopolita que ayudará a vigorizar la selva propia. (162)

Aquí vemos el uso del discurso de futuridad al que se refiere Carlos Alonso, y que forma parte esencial de la relación ambivalente entre el centro hegemónico cultural y el margen. Como medio de respuesta y calibanización, Darío reclama la producción potencial como elemento distintivo de Hispanoamérica. Cabe aquí notar una diferencia en la aplicación de la calibanización, o imposición de imágenes y manejo de representaciones. A diferencia de los cronistas, que representaban en sus textos al sujeto colonial como productor de bienes (Todorov 129-30), Darío maneja la producción a su favor. El potencial productivo de Hispanoamérica supera la producción material del centro hegemónico; este criterio separa lo latino de lo anglosajón, reforzando así la noción de futuridad. En este proceso Darío también revela un aspecto de su concepto de modernidad: que no se trata, necesariamente, de una transformación tecnológica sino más bien intelectual. De hecho, el progreso técnico por sí mismo no parece alimentar la hostilidad de Darío, sino más bien el hecho de que los avances se yerguen generalmente como medios de explotación. Esta distinción entre avance tecnológico y cultural que implica la potencialidad hispanoamericana fomenta y sostiene también un aspecto relacionado con la productividad: el sistema textual identitario de una literatura propia. De este modo, en su respuesta a las estrategias demonizadoras del centro hegemónico, Darío recurre a un discurso mediante el cual "calibaniza" no sólo a los "búfalos de dientes de plata" sino a todo lo que se relaciona con el nuevo centro y no participa así de la latinidad. De esta forma explica su solidaridad con lo latino (lo suyo, parte de su identidad), así como la solidaridad que percibe en el otro:

[L]os pueblos, sobre las políticas y los intereses de otra especie, sienten, llegado el instante preciso, la oleada de la sangre y la oleada del común espíritu. ¿No veis cómo el inglés se regocija con el triunfo del norteamericano, guardando en la caja del Banco de

> Inglaterra, los antiguos rencores, el recuerdo de las bregas pasadas? ¿No veis cómo el yankee, demócrata y plebeyo, lanza sus tres hurras y canta el *God save the Queen*, cuando pasa cercano un barco que lleve al viento la bandera del inglés? Y piensan juntos: 'El día llegará en que, EE. UU. e Inglaterra sean dueños del mundo'. (162)

La "calibanización" del otro como agresor reafirma la identidad propia. De la misma forma que, según Darío, los anglosajones se solidarizan ante el conflicto entre Estados Unidos y España, los países que participan de la cultura "latina" responden al unísono en contra del agresor, transfiriendo la connotación de la imagen de Calibán, antes aplicada a los latinoamericanos, a los agresores de lo "latino". Esta respuesta involucra un contraste reflejado en el discurso de Paul Groussac, citado por Fernández Retamar y reseñado por Darío en "El triunfo de Calibán", en el que persisten la iconografía y el discurso contestatario (y no menos demonizador):

> [D]esde la [Guerra de] Secesión y la brutal invasión del Oeste, se ha desprendido libremente el espíritu yankee del cuerpo informe y 'calibanesco', y el viejo mundo ha contemplado con inquietud y terror a la novísima civilización que pretende suplantar a la nuestra declarada caduca. (Fernández Retamar, *Calibán* 24)

De esta actitud demonizadora provienen los epítetos que Darío utiliza para referirse al agresor. Se trata de un "coloso" cuyos "tentáculos de ferrocarriles, brazos de hierro [y] bocas absorbentes" se proyectan sobre el continente americano (*EI* 162), es un "mamut" cuya capacidad de producción es superior, pero cuyo nivel de civilización es inferior que el de sus víctimas. De hecho, y como contraste con los Estados Unidos, los valores que Darío defiende junto con la comunidad "latina", son los mismos que forman un pasado utilizable, la materia prima de la que provienen todos los medios de identificación cultural:

> [L]a España que yo defiendo se llama Hidalguía, Ideal, Nobleza; se llama Cervantes, Quevedo, Góngora, Gracián, Velázquez; se llama el Cid, Loyola, Isabel; se llama la Hija de Roma, la Hermana de Francia, la Madre de América. (162)

Las variadas lecturas del agresor "calibanizado" y del Calibán al que se refiere Fernández Retamar–América Latina–residen, irónicamente, en la ausencia de una tradición, en la falta de vínculos con el centro. A diferencia de los norteamericanos, los "latinos" proyectan su sentido de identidad hacia Europa, como una especie de subproducto cultural que, pese a compartir elementos, mantiene rasgos distintivos.[5] Estos rasgos, determinantes de una identidad particular, se filtran por los intersticios que se dan siempre que se hace una comparación o contraste entre dos culturas. Como resultado, los rasgos que emergen representan la formulación de una conciencia nacional (Bhabha, *Location* 2).[6] La producción contestataria define la identidad cultural y combina la tradición (heredada o no) con un ánimo constante de renovación.

Ahora bien, el contexto histórico de este ensayo nos lleva a una cuestión particular, que podría plantearse como una ironía del destino. Como hemos visto, el discurso dariano se destaca por un sistemático matiz subvertor. De hecho, podemos observar en "El triunfo de Calibán" que Darío recurre a una serie de imágenes mediante las cuales ataca y "calibaniza" la imagen del agresor, los Estados Unidos, a fin de declarar su pertenencia y fidelidad a una causa que integra a los países de la América Hispana con la misma España que los conquistó. El haber criticado acerbamente al centro hegemónico, como él mismo lo admite, y ahora asumir su causa como propia, lo coloca, observa Iris Zavala, en una situación precaria, como protagonista de una paradoja: Darío, luchador por la libertad y la independencia cultural, se pone del lado del mismo centro que antes ahogara su libertad (*Colonialism* 104). En otras palabras, su apoyo a España y su rechazo a los Estados Unidos puede leerse como una oposición a Cuba, un cambio de posición, una afiliación al centro que viene a contradecir sus obras y declaraciones anteriores:

> Y yo que he sido partidario de Cuba libre, siquiera fuese por acompañar en su sueño a tanto soñador y en su heroísmo a tanto mártir, soy amigo de España en el instante en que la miro agredida por un enemigo brutal, que lleva como enseña la violencia, la fuerza y la injusticia. (*EI* 162)

---

[5] Fernández Retamar se vale de la analogía trazada por Alfonso Reyes para explicar cómo la identidad latinoamericana, igual que el agua, consiste en una síntesis de elementos diferentes (*Calibán* 76-77).

[6] "It is in the emergence of the interstices–the overlap and displacement of domains of difference–that the intersubjective and collective experiences of *nationness*, community interest, or cultural value are negotiated" (Bhabha, *Location* 2).

Sin embargo, "El triunfo de Calibán" así como sus símbolos centrales, no puede reducirse a una sola interpretación. Si bien dentro de una axiología rígida el apoyo a España sugiere la oposición a la causa cubana, debe observarse que, para efectos históricos y prácticos, en el momento del conflicto, Cuba era una colonia española aún, cuya independencia Darío apoyaba al recordar a Martí:

> Sólo una alma ha sido tan previsora sobre este concepto [de la amenaza norteamericana], [...] y esa fue, curiosa ironía del tiempo!, la del padre de Cuba libre, la de José Martí [...] [que] no cesó nunca de predicar a las naciones de su sangre que tuviesen cuidado con aquellos hombres de rapiña, que no mirasen en esos acercamientos y cosas panamericanas, sino la uñagaza y la trampa de los comerciantes de la yankería. Qué diría hoy el cubano al ver que so calor de ayuda para la ansiada Perla, el monstruo se la traga con ostra y todo? (161)

A pesar de lo anterior, Darío encontró el elemento conciliatorio en la lengua común. Esta misma noción, así como la de una tradición compartida, lo llevó al apoyo incondicional del concepto al que llamaba la "Unión Latina" a fin de que no siguiera como "una fatamorgana en el reino de Utopía" (161). La filiación a esta Unión, tan irrealizable como la Unión Centroamericana que Darío también apoyó, *crea* un espacio textual nuevo, una oportunidad para realizar, en forma casi nominalista, el acto de "escribir el mundo" y la nación, y significa el encuentro con la historia (Bhabha, *Location* 12). Una unión, un espacio nuevo en cuya creación se encuentran historia y arte, representa la oportunidad de forjar una tradición, aprovechando el pasado utilizable y recurriendo a todos los recursos discursivos posibles. Es dentro del contexto de esta unión, y aun cuando aboga por la expresión literaria propia de Latinoamérica, que Darío apoya a España, como elemento necesario para sus propósitos. La subversividad de su discurso no desaparece, pues la España defendida es todavía un punto de encuentro cultural. Al conciliar, sin embargo, su ánimo subversivo con la solidaridad a la que se siente llamado, Darío muestra, como afirma Rama, el elemento conciliatorio de su modernismo, abierto frente a la multiplicidad de manifestaciones que puede adoptar la modernidad (*Máscaras* 63-64). Por ello, aunque no "calibanice" a España, no puede evitar "carnivalizar" su situación, añadiendo que su defensa se basa en el hecho de que "España no es el fanático curial, ni el pedantón, ni el dómine infeliz, desdeñoso de la América que no conoce." (*EI* 162).

Además de la oportunidad que surge para forjar una identidad cultural latinoamericana como resultado del conflicto de 1898, Darío encuentra que la situación es coyuntural para resaltar lo que siempre ha proclamado: la producción a través de la creación individual. Como anotara frecuentemente, Darío alentaba la producción para llegar al logro de la expresión personal propia. El principio estético "mi poesía es mía en mí" de sus "Palabras liminares" aparece repetido en sus ensayos programáticos, siempre alentando la expresión personal e individual. Así, mientras en un texto apunta "Poeta, cultívate a ti mismo!" (82), en otro añade: "es preciso dar nuevas formas a la manifestación del pensamiento, forma vibrante, pintoresca y, sobre todo, llena de novedad y libre y franca" (*OD* 208). De este modo, lo que al inicio era una declaración artística, un manifiesto, adquiere dimensiones políticas que se traducen en la responsabilidad de la producción. El énfasis se sitúa claramente en el individuo productor, el autor mismo, rechazando así cualquier cambio impuesto, sin importar su naturaleza. De acuerdo con esta lógica que apoya la autonomía, Darío, pese a su manifiesto apoyo a España y a la Unión Latina, se opone a que los cambios, que serían en este caso la independencia cubana, *no* sean resultado de los esfuerzos propios de una nación, sino de un factor externo, la invasión de Estados Unidos.

El conferir valor a la producción como medio de identidad cuando es resultado de la iniciativa individual implica consecuencias subversivas. De acuerdo con esta premisa, *todo* el que sea capaz de producir por esfuerzo propio, adquiere una identidad propia. El mejor ejemplo, como anota el mismo Darío, viene a ser el mismo Calibán, los Estados Unidos, cuya identidad como materialistas y "[e]nemigos de toda idealidad" se confirma en que

> [c]omen, comen, calculan, beben whisky y hacen millones. Cantan *Home, sweet home!* y su hogar es una cuenta corriente, un *banjo*, un negro y una pipa. [...] En el arte, en la ciencia, todo lo imitan y lo contrahacen, los estupendos gorilas colorados. Mas todas las rachas de los siglos no podrían pulir la enorme Bestia. (*EI* 160, 161)

Pese a los motivos de abundancia, riqueza, profusión y producción presentes a través de imágenes como "gorilas colorados" que "comen, calculan, beben whisky y hacen millones", la idea de producción surge en este párrafo como una objeción. Aunque Darío inclusive maneja un elemento iconográfico en función casi paródica al mencionar "un *banjo*, un negro y una pipa", en este caso su intención yace en la crítica de la producción debido a que su producto final es puramente material. Así se comprende la anatematización contra los americanos de quienes escribe que "todo lo imitan y lo contrahacen". La imagen de la producción tecnológica, calibanizada tanto como sus realizadores, refleja aquí una agenda de dominación que Darío rechaza. Además, en este caso particular, Darío también adopta una de las estrategias del colonizador cuando, en calibanización del agresor, Darío muestra la misma "comprensión fatal" [*understanding-that-kills*] de la que habla Todorov (127) con respecto a la actitud de los españoles ante los aztecas. Así, llevado, posiblemente, por el mismo espíritu, traza un cuadro paralelo a las descripciones que los españoles han hecho de los indígenas cuando describe a los norteamericanos como "cíclopes, comedores de carne cruda, herreros bestiales, habitadores de casas de mastodontes. Colorados, pesados, groseros, van por sus calles empujándose y rozándose animalmente, a la caza del dollar [sic]" (*EI* 160). De la misma forma que los autores estudiados por Todorov, Darío no ve individuos en los Estados Unidos, sino productores; es más, el nivel de producción es igualmente asombroso que el observado por los españoles: "Tienen templos para todos los dioses y no creen en ninguno; sus grandes hombres como no ser Edison, se llaman Lynch, Monroe, y ese Grant cuya figura podéis confrontar en Hugo, en el *año terrible*" (160-161, énfasis original).

La respuesta dariana, por lo tanto, va más allá de la parodia por reflejar en su discurso las mismas estrategias de acercamiento de las que se vale el centro en su aproximación al margen, aunque subvirtiendo su función imperialista. Sin embargo, como anotan Ashcroft y Griffith (34), la teoría y cultura misma del centro, al llegar a este punto, han sufrido una transfiguración como resultado de haber sido apropiadas por el margen. Esta misma apropiación proviene de la naturaleza subversiva del discurso que se puede denominar postcolonial, que altera la historia a manera de respuesta. Sin embargo, la respuesta contrahegemónica, por muy iconoclasta y renovadora que pueda ser, se ve restringida por circunstancias que van más allá de su control, como lo son los orígenes mismos del discurso de respuesta. Por esta razón, como parte del proceso de construir un yo-cultural, Darío, el respondente, mantiene un equilibrio delicado entre centro y margen, manifiesto en su manejo del propio discurso colonial. La respuesta dariana, consciente de las diferencias y similitudes entre centro y margen, evita la fijeza aludida por Homi Bhabha, como rasgo particular:

> An important feature of colonial discourse is its dependence on the concept of 'fixity' in the ideological construction of otherness. Fixity, as the sign of cultural/historical/racial difference in the discourse of colonialism, is a paradoxical mode of representation: it connotes rigidity and an unchanging order as well as disorder, degeneracy and daemonic repetition. Likewise the stereotype, which is its major discursive strategy, is a form of knowledge and identification that vacillates between what is always 'in place', already known, and something that must be anxiously repeated. (*Location* 66)

Consciente de estos rasgos, y en particular del valor que tienen las diferencias entre el centro y el margen, Darío, en su "calibanización" del otro, incluye a España. Pese a su apoyo a la Unidad Latina, la idea de lo latinoamericano, así como el rasgo subversivo inherente del discurso postcolonial, impulsan a Darío para estimular la expresión de un continente unido por una lengua común. Su objetivo principal es "dar nuevas formas a la manifestación del pensamiento" (*OD* 208), no sólo en sus propios textos sino a todo trabajo escrito por un latinoamericano, y continuar libre de todo compromiso a fin de exhortar a los hispanoamericanos para trabajar en la "manifestación verdadera de un pueblo" (212). Con este llamado a la producción, a una producción distintiva, Darío crea, a la vez, una conciencia sobre la necesidad de una identidad latinoamericana, que se basará, en última instancia, en la lengua y la producción intelectual. La lengua influye por cuanto el margen, según Darío, debe superar el nivel de competencia del centro; la producción, por la cantidad que el margen presenta ante el centro. Esta producción, preciso es recordar, incorpora como rasgo primordial la subversividad, que se manifiesta a través de la carnavalización y la presentación del otro, que sirve como contraste en la construcción de un yo-cultural, una entidad colectiva en la que participen los latinoamericanos.

Así, la identidad cultural latinoamericana se manifiesta no sólo en la apropiación de las mismas estrategias que determinan y definen al sujeto colonial, sino en su capacidad de duplicar su productividad a través de textos que constituyen un sistema propio, así como alterno respecto al centro. El sistema de textos, o gramatología, es testimonio de la existencia de una cultura. Darío, como uno de los impulsores del "movimiento de liberación" fue más allá de convertirse en el impulsor de un estilo particular, pues con su "manifiesto" de las "Palabras liminares" estimuló la capacidad de producción del sujeto colonial, valiéndose de alegorías sobre el arte que representan, en realidad, la situación del sujeto colonial ante el centro. Si bien Darío no soluciona la sumisión planteada por Fernández Retamar (*Calibán* 10-11), sí da un paso significativo al enfrentar los dos términos en oposición dentro de una arena como el arte. Además, contribuyó de manera sustancial en la formulación de una identidad al mostrar su conciencia del otro para construir un yo-cultural, subversivo, carnavalizador, irrespetuoso e inestable, que combina los elementos apropiados del centro con su propia concepción de sí mismo, la que da lugar a los juegos de máscaras, la otredad interna que planteara Simón Bolívar en la formulación de la anáfora cultural. Por estas razones, por su capacidad de síntesis y la destreza con la que maneja los problemas de la modernidad y la emergente "individualidad" cultural de América Latina afirma Iris Zavala que

> Darío's originality consists in projecting and monitoring the modern subjectivity as a self-consciousness always haunted by otherness. Lyrical poetry reproduces the double truth of humankind and society through a triumph of form. His is a modern understanding of the self. The subjective world... is decisive, since it accurately registers the internal struggle, the substitutions, the disputing elements, and the desire for harmony. (*Colonialism* 68)

Aunque Darío no resolvió los inminentes problemas culturales de la América Hispana, sí los señaló, e incluso encontró una fórmula retórica que fomentó la conciencia de la necesidad de una identidad propia. A través de una conciliación, indudablemente inspirada por el espíritu democrático que rodeaba a la modernidad, y que según Rama *diluye* la presencia de la cultura hispanoamericana (*Máscaras* 45-46), Darío infundió valor a América Latina para adaptarse a la modernidad. Con la tradición y el pasado heredado de su parte, que posteriormente transformaría y apropiaría, Darío preparó el terreno para futuros escritores, que recorrerían años después la misma senda a la rebeldía. Casi proféticamente escribió:

> Los que vienen, los que hoy son esperanza de España, deben asentarse sobre las viejas piedras del edificio caído, y sobre él comenzar la reconstrucción, poniendo la idea nacional en contacto con el soplo universal; manteniendo el espíritu español, pero creciendo en la luz del mundo. (*EI* 163)

OBRAS CITADAS

Aching, Gerard. *The Politics of Spanish American modernismo: By Exquisite Design.* Cambridge: Cambridge UP, 1997.
Adorno, Rolena. "El sujeto colonial y la construcción cultural de la alteridad". *Revista de Crítica Literaria Latinoamericana* (Lima, Perú) 28 (1988): 55-68.
———. "The Colonial Subject and the Cultural Construction of the Other". *Revista de Estudios Hispánicos* (Río Piedras, Puerto Rico) v. 17-18 (1990-1991): 149-165.
Alonso, Carlos J. *The Burden of Modernity: The Rhetoric of Cultural Discourse in Spanish America.* New York - Oxford: Oxford UP, 1998.
Anderson Imbert, Enrique. *La originalidad de Rubén Darío.* Buenos Aires: Centro Editor de América Latina, 1967.
Ashcroft, Bill, Gareth Griffiths & Helen Tiffin. *The Empire Writes Back: Theory and Practice in Post-Colonial Literatures.* London: Routledge, New Accents, 1989.
Bakhtin, Mikhail. *The Dialogic Imagination: Four Essays by M. M. Bakhtin.* Ed. Michael Holquist. Austin: U of Texas P, Slavic Series, 1981.
———. *Problems of Dostoewsky's Poetics.* Trad. & ed. Caryl Emerson. Minneapolis: U of Minnesota P, 1984.
———. *Rabelais and his World.* Trad. Hélène Iswolsky. Bloomington: Indiana UP, 1984.
Balakian, Anna, ed. *The Symbolist Movement in the Literature of European Languages.* Budapest: Akadémiai Kiadó, 1984.
Banberger, Ellen L. *Rubén Darío: La influencia de una época.* Managua: Fondo Editorial - Banco Central de Nicaragua, 1992.
Barthes, Roland. *S/Z.* Paris: Editions du Seuil, 1970.
———. *Le plaisir du texte.* Paris: Editions du Seuil, 1973.
Baudelaire, Charles. *Ecrits sur l'art.* Vol. II. Paris: Editions Gallimard et Librairie Générale Française, 1971.
Bayón, Damián, ed. *El artista latinoamericano y su identidad.* Caracas: Monte Ávila Editores, 1977.
Bello, Andrés. "Autonomía cultural de América". *Bello.* Prólogo de Gabriel Méndez Plancarte. México: Ediciones de la Secretaría de Educación Pública, 1943.
Bhabha, Homi K. Introduction. *Nation and Narration.* London: Routledge, 1990.
———. *The Location of Culture.* London: Routledge, 1994.

Bolívar, Simón. *Discurso de Bolívar en el Congreso de Angostura (15 de febrero de 1819)*. Caracas: Gobierno de los Estados Unidos de Venezuela, 1919.
Boon, James A. *Other Tribes, Other Scribes: Symbolic Anthropology in the Comparative Study of Cultures, Histories, Religions, and Texts*. Cambridge: Cambridge UP, 1982.
Brennan, Timothy. "The National Longing for Form". *Nation and Narration*. Ed. Homi K. Bhabha. London: Routledge, 1990.
Brooks, Van Wyck. "On Creating a Usable Past". *Critics of Culture: Literature and Society in the Early Twentieth Century*. Ed. Alan Trachtenberg. New York: John Wiley & Sons, 1976.
Bullock, Alan. "The Double Image". [1976] *Modernism 1890-1930*. Eds. Malcolm Bradbury & James McFarland. London: Penguin, 1987.
Calinescu, Matei. *Five Faces of Modernity: Modernism, Avant-Garde, Decadence, Kitsch, Postmodernism*. Durham: Duke UP, 1987.
Castillo, Homero, ed. *Estudios críticos sobre el modernismo*. Madrid: Gredos, 1968.
Cerezo Dardón, Hugo. *Ensayos*. Guatemala: Editorial "José de Pineda Ibarra", 1975.
Certeau, Michel de. *Heterologies: Discourse on the Other*. Trad. Brian Massumi. Minneapolis: U of Minnesota P, 1986.
Curtius, Ernst Robert. *European Literature and the Latin Middle Ages*. Trad. Willard R. Trask. Princeton: Princeton UP, 1953 (reimpresión 1973).
Darío, Rubén. *Autobiografía*. Managua: Ediciones Distribuidora Cultural, 1993.
———. *Azul... - Cantos de vida y esperanza*. Ed. José María Martínez. Madrid: Cátedra, 1998.
———. *Cuentos completos*. Ed. Ernesto Mejía Sánchez. México: Fondo de Cultura Económica, reimpresión 1988.
———. *Rubén Darío: cuentos fantásticos*. Selección y prólogo de José Olivio Jiménez. Madrid: Alianza Editorial, 1976.
———. *Escritos inéditos de Rubén Darío*. Ed. E. K. Mapes. Nueva York: Instituto de las Españas en los Estados Unidos, 1938.
———. *Historia de mis libros*. Managua: Editorial Nueva Nicaragua, Colección Azul, 1987.
———. *Obras completas*. Eds. M. Sanmiguel Raimúndez y Emilio Gascó Contell. 5 vols. Madrid: Afrodisio Aguado, 1950-55.
———. *Obras desconocidas de Rubén Darío*. Ed. Raúl Silva Castro. Santiago de Chile: Prensas de la Universidad de Chile, 1934.
———. *Opiniones*. Managua: Editorial Nueva Nicaragua, Colección Azul, 1992.
———. *Poesía*. Ed. Ernesto Mejía Sánchez. Caracas: Biblioteca Ayacucho, 1977.
———. *Prosas profanas*. Madrid: Espasa-Calpe, Colección Austral, 1972.
———. *Prosas políticas*. Introducción Julio Valle Castillo. Selección y notas de Jorge Eduardo Arellano. Managua: Ministerio de Cultura, Colección Popular Dariana, 1983.
———. *El viaje a Nicaragua e Intermezzo Tropical*. Managua: Editorial Nueva Nicaragua, Colección Azul, 1987.
Davison, Ned. *El concepto de modernismo en la crítica hispánica*. Buenos Aires: Nova, 1971.
Derrida, Jacques. *De la grammatologie*. Paris: Editions de Minuit, Collection "Critique", 1967.
———. *L'écriture et la différence*. Paris: Editions du Seuil, 1967.
Donoso, José. *Historia personal del "boom"*. Buenos Aires: Sudamericana/Planeta, 1984.
Earle, Peter G. "El ensayo hispanoamericano, del modernismo a la modernidad". *Revista Hispanoamericana* 48 (1982): 47-57.

Fernández Moreno, César, ed. *América Latina en su literatura*. México: Siglo XXI - Unesco, 1981.
Fernández Retamar, Roberto. *Calibán y otros ensayos: nuestra América y el mundo*. La Habana: Editorial Arte y Literatura, 1979.
Foucault, Michel. *The Archeology of Knowledge and the Discourse on Language*. Trad. A. M. Meridan-Smith. New York: Pantheon Books, 1972.
González, Manuel Pedro. Prefacio. José Martí. *Lucía Jeréz*. Madrid: Gredos, 1969.
Gullón, Ricardo. "Symbolism and Modernism". *The Symbolist Movement in the Literature of European Languages*. Ed. Anna Balakian. Budapest: Akadémiai Kiadó, 1984.
Gutiérrez-Girardot, Rafael. *Modernismo*. México: Fondo de Cultura Económica, 1988.
Henríquez Ureña, Max. *Breve historia del modernismo*. México: Fondo de Cultura Económica, 1954.
Hulmes, Peter. *Colonial Encounters: Europe and the Native Caribbean 1492-1797*. New York: Methuen, 1986.
Hutcheon, Linda. *A Poetics of Postmodernism: History, Theory, Fiction*. London: Routledge, 1988.
Jameson, Fredric. *The Political Unconscious: Narrative as a Socially Symbolic Act*. Ithaca, NY: Cornell UP, 1981.
Jiménez, José Olivio. Prólogo. *Rubén Darío: cuentos fantásticos*. Madrid: Alianza Editorial, 1976.
Jitrik, Noé. *Las contradicciones del modernismo: productividad poética y situación sociológica*. México: Colegio de México, 1978.
Jrade, Cathy Login. *Modernismo, Modernity and the Development of Spanish American Literature*. Austin: U of Texas P, 1998.
———. *Rubén Darío y la búsqueda romántica de la unidad: El recurso modernista a la tradición esotérica*. [1983] Trad. de Guillermo Sheridan. México: FCE, 1986.
Kadir, Djelal. *The Other Writing: Postcolonial Essays in Latin American Writing Culture*. Indiana: Purdue UP, 1993.
Larrea, Juan. *Rubén Darío y la Nueva Cultura Americana*. Valencia: Pre-Textos, 1987.
Lida, Raimundo. *Rubén Darío: Modernismo*. Caracas: Monte Ávila Editores, 1984.
Litvak, Lily, ed. *El modernismo*. Madrid: Taurus, 1981.
Mapes, E. K. *L'influence française dans l'œuvre de Rubén Darío*. Paris: Librairie Ancienne Honoré Champion, 1925.
Marasso, Arturo. *Rubén Darío y su creación poética*. Buenos Aires: Kapelusz, 1954.
Martí, José. "Nuestra América". *José Martí: en los Estados Unidos*. Edición, prólogo y notas de Andrés Sorel. Madrid: Alianza Editorial, 1968.
Martínez, José María. "Nuevas luces para las fuentes de *Azul...*" *Hispanic Review*. 64:2 (1996): 199-215.
Mejía Sánchez, Ernesto, ed. *Estudios sobre Rubén Darío*. México: Fondo de Cultura Económica, 1968.
Morson, Gary Saul & Caryl Emerson. *Mikhail Bakhtin: Creation of a Prosaics*. Stanford: Stanford UP, 1990.
O'Gorman, Edmundo. *La invención de América: el universalismo de la cultura de Occidente*. México: Fondo de Cultura Económica, 1958.
Ortiz, Fernando. *Contrapunteo cubano del tabaco y del azúcar*. [1940] La Habana: Editorial de Ciencias Sociales, 1991.
Pacheco, José Emilio. Introducción. *Antología del modernismo (1884-1921)*. Selección, introducción y notas de José Emilio Pacheco. México: UNAM, 1970.

Pater, Walter. *The Renaissance*. New York: Random House, Modern Library, s. f.
Paz, Octavio. *El arco y la lira*. México: Fondo de Cultura Económica, 1979.
———. *Cuadrivio*. Barcelona: Seix Barral, 1991.
———. *Los hijos del limo: del romanticismo a la vanguardia*. Barcelona: Seix Barral, 1991.
———. *El laberinto de la soledad*. México: Fondo de Cultura Económica, 1987.
———. *Postdata*. México: Fondo de Cultura Económica, 1982.
Pérez Firmat, Gustavo. *Literature and Liminality: Festive Readings in the Hispanic Tradition*. Durham: Duke UP, 1986.
Pérus, Françoise. *Literatura y sociedad en América Latina: el Modernismo*. México: Siglo XXI Editores, 1978.
Picon Garfield, Evelyn & Ivan A. Schulman. *Las entrañas del vacío: ensayo sobre la modernidad hispanoamericana*. México: Cuadernos Americanos, 1984.
Rama, Ángel. *La crítica de la cultura en América Latina*. Selección y prólogos de Saúl Sosnowski y Tomás Eloy Martínez. Caracas: Biblioteca Ayacucho, 1985.
———. *Las máscaras democráticas del modernismo*. Montevideo: Fundación Ángel Rama, 1985.
———. *Rubén Darío y el modernismo: circunstancia socioeconómica de un arte americano*. Caracas: Ediciones de la Biblioteca de la Universidad Central de Venezuela, 1970.
———. *Transculturación narrativa en América Latina*. Montevideo: Fundación Ángel Rama, 1989.
Rodríguez Monegal, Emir. "Darío and Rodó: Two Versions of the Symbolist Dream in Spanish American Letters". *The Symbolist Movement in the Literature of European Languages*. Ed. Anna Balakian. Budapest: Akadémiai Kiadó, 1984.
———. "Tradición y renovación". *América Latina en su literatura*. Ed. César Fernández Moreno. México: Siglo XXI - UNESCO, 1980.
Schanzer, George O. & Boris Gaidasz. "Rubén Darío, traductor de Gorki". *Revista Iberoamericana* (Pittsburgh) 33:64 (1967): 315-331.
Schulman, Ivan A. & Manuel Pedro González. *Martí, Darío y el Modernismo*. Madrid: Gredos, 1969.
Schulman, Ivan A. *El modernismo hispanoamericano*. Buenos Aires: Centro Editor de América Latina, 1969.
———. *Nuevos asedios al modernismo*. Madrid: Taurus, 1987.
———. ed. *Recreaciones: Ensayos sobre la Obra de Rubén Darío. Celebración del Centenario de "Azul..."*. Hanover NH: Ediciones del Norte, The Inca Garcilaso Series II, 1992.
———. "La literatura hispanoamericana como sistema". *Ideas '92* 2:1 (1988): 75-81.
Sequeira, Diego Manuel. *Rubén Darío Criollo en El Salvador: Segunda Estada o Atalaya de su Evolución Poética*. León, Nicaragua: Editorial Hospicio, 1965.
Shaw, Donald L. "¿Qué es el modernismo?" *Bulletin of Hispanic Studies* 44 (1967): 195-202.
———. "¿Qué es el modernismo?" *¿Qué es el modernismo?: Nueva encuesta, nuevas lecturas*. Eds. Richard Cardwell & Bernard McGuirk. Boulder CO: Society of Spanish and Spanish-American Studies, 1993.
Sommer, Doris. "Irresistible Romance: the Foundational Fictions of Latin America". *Nation and Narration*. Ed. Homi K. Bhabha. London: Routledge, 1990.
———. *Foundational Fictions: The National Romances of Latin America*. Berkeley: U of California P, 1991.
Todorov, Tzvetan. *The Conquest of America: the Question of the Other*. [1982] Trad. Richard Howard. New York: HarperPerennial, 1992.

Torres, Edelberto. *La dramática vida de Rubén Darío*. 5.ª edición. San José, Costa Rica: Universitaria Centroamericana, 1980.
Valle Castillo, Julio. Introducción. *Rubén Darío: Prosas políticas*. Introducción de Julio Valle Castillo. Selección y notas de Jorge Eduardo Arellano. Managua: Ministerio de Cultura, Colección Popular Dariana, 1983.
Zavala, Iris. *Colonialism and Culture: Hispanic Modernisms and the Social Imaginary*. Bloomington, Indiana: Indiana UP, 1992.
———. Introducción: Rubén Darío y el ensayo. *El modernismo: ensayos de Rubén Darío*. Selección, prólogo y notas de Iris Zavala. Madrid: Alianza Editorial, 1989.
———. *Rubén Darío bajo el signo del cisne*. Río Piedras: Editorial de la Universidad de Puerto Rico, 1989.

NORTH CAROLINA STUDIES IN THE ROMANCE LANGUAGES AND LITERATURES

I.S.B.N. Prefix 0-8078-

Recent Titles

RECLAIMING THE BODY: MARÍA DE ZAYA'S EARLY MODERN FEMINISM, by Lisa Vollendorf. 2001. (No. 270). -9274-2.
FORGED GENEALOGIES: SAINT-JOHN PERSE'S CONVERSATIONS WITH CULTURE, by Carol Rigolot. 2001. (No. 271). -9275-0.
VISIONES DE ESTEREOSCOPIO (PARADIGMA DE HIBRIDACIÓN EN EL ARTE Y LA NARRATIVA DE LA VANGUARDIA ESPAÑOLA), por María Soledad Fernández Utrera. 2001. (No. 272). -9276-9.
TRANSPOSING ART INTO TEXTS IN FRENCH ROMANTIC LITERATURE, by Henry F. Majewski. 2002. (No. 273). -9277-7.
IMAGES IN MIND: LOVESICKNESS, SPANISH SENTIMENTAL FICTION AND DON QUIJOTE, by Robert Folger. 2002. (No. 274). -9278-5.
INDISCERNIBLE COUNTERPARTS: THE INVENTION OF THE TEXT IN FRENCH CLASSICAL DRAMA, by Christopher Braider. 2002. (No. 275). -9279-3.
SAVAGE SIGHT/CONSTRUCTED NOISE. POETIC ADAPTATIONS OF PAINTERLY TECHNIQUES IN THE FRENCH AND AMERICAN AVANT-GARDES, by David LeHardy Sweet. 2003. (No. 276). -9281-5.
AN EARLY BOURGEOIS LITERATURE IN GOLDEN AGE SPAIN. LAZARILLO DE TORMES, GUZMÁN DE ALFARACHE AND BALTASAR GRACIÁN, by Francisco J. Sánchez. 2003. (No. 277). -9280-7.
METAFACT: ESSAYISTIC SCIENCE IN EIGHTEENTH-CENTURY FRANCE, by Lars O. Erickson. 2004. (No. 278). -9282-3.
THE INVENTION OF THE EYEWITNESS. A HISTORY OF TESTIMONY IN FRANCE, by Andrea Frisch. 2004. (No. 279). -9283-1.
SUBJECT TO CHANGE: THE LESSONS OF LATIN AMERICAN WOMEN'S TESTIMONIO FOR TRUTH, FICTION, AND THEORY, by Joanna R. Bartow. 2005. (No. 280). -9284-X.
QUESTIONING RACINIAN TRAGEDY, by John Campbell. 2005. (No. 281). -9285-8.
THE POLITICS OF FARCE IN CONTEMPORARY SPANISH AMERICAN THEATRE, by Priscilla Meléndez. 2006. (No. 282). -9286-6.
MODERATING MASCULINITY IN EARLY MODERN CULTURE, by Todd W. Reeser. 2006. (No. 283). -9287-4.
PORNOBOSCODIDASCALUS LATINUS (1624). KASPAR BARTH'S NEO-LATIN TRANSLATION OF CELESTINA, by Enrique Fernández. 2006. (No. 284). -9288-2.
JACQUES ROUBAUD AND THE INVENTION OF MEMORY, by Jean-Jacques F. Poucel. 2006. (No. 285). -9289-0.
THE "I" OF HISTORY. SELF-FASHIONING AND NATIONAL CONSCIOUSNESS IN JULES MICHELET, by Vivian Kogan. 2006. (No. 286). -9290-4.
BUCOLIC METAPHORS: HISTORY, SUBJECTIVITY, AND GENDER IN THE EARLY MODERN SPANISH PASTORAL, by Rosilie Hernández-Pecoraro. 2006. (No. 287). -9291-2.
UNA ARMONÍA DE CAPRICHOS: EL DISCURSO DE RESPUESTA EN LA PROSA DE RUBÉN DARÍO, por Francisco Solares-Larrave. 2007. (No. 288). -9292-0
READING THE EXEMPLUM RIGHT: FIXING THE MEANING OF EL CONDE LUCANOR, by Jonathan Burgoyne. 2007. (No. 289). -9293-9

When ordering please cite the ISBN Prefix plus the last four digits for each title.

Send orders to: University of North Carolina Press
P.O. Box 2288
Chapel Hill, NC 27515-2288
U.S.A.
www.uncpress.unc.edu
FAX: 919 966-3829

The Department of Romance Studies Digital Arts and Collaboration Lab at the University of North Carolina at Chapel Hill is proud to support the digitization of the North Carolina Studies in the Romance Languages and Literatures series.

www.ingramcontent.com/pod-product-compliance
Lightning Source LLC
Chambersburg PA
CBHW020740230426
43665CB00009B/498